Manuel pédagogique du combat spirituel

Guide pratique pour une vie victorieuse en Christ

Dr. Rosemica D. Bonhomme

Dedicace

Je dédie ce livre d'exercices à mon Dieu tout-puissant, et à Jésus-Christ mon Sauveur et Seigneur qui ne m'abandonne pas et qui ne m'a jamais fait défaut. Je le dédie également à ma merveilleuse famille. En particulier, j'honore la mémoire de mon père bien-aimé, Isaac Damier, qui a œuvré sans relâche afin d'offrir à moi et à mes frères et sœurs une vie meilleure aux États-Unis. Je remercie ma mère pour son amour inconditionnel et ses conseils inestimables, que seule une mère peut prodiguer.

En outre, je le dédie enfin à ma famille spirituelle, véritablement unique et irremplaçable, ainsi qu'à tous les croyants désireux de demeurer fermes en Christ, de vaincre les assauts de l'ennemi et de marcher chaque jour dans la victoire spirituelle. Puissent ces ressources vous fortifier, vous équiper et vous revêtir de la puissance nécessaire pour vivre avec assurance, et revêtus de la pleine armure de Dieu.

À Dieu soi toute la Gloire dès maintenant et à jamais. Amen !

Table des matières

Preface

L'un des plus grands besoins de l'Église aujourd'hui est de reconnaître la nécessité de revenir à la Parole de Dieu comme fondement de la vie chrétienne. Nous vivons une époque où des luttes, visibles et invisibles, affectent nos foyers, nos lieux de travail, nos gouvernements et même nos Églises. À chaque génération, Dieu a suscité des hommes pour parler, non seulement pour parler, mais aussi pour équiper, avertir et fortifier son peuple. C'est dans ce contexte que ce livre a vu le jour, en réponse aux nombreux croyants et chercheurs spirituels du monde entier, en quête de compréhension, de force et de victoire face aux épreuves quotidiennes.

Le livre « ***Manuel pédagogique du combat spirituel : Guide pratique pour une vie victorieuse en Christ*** » n'est pas un ouvrage écrit par une simple curiosité, pour des raisons théoriques ou dans le but d'impressionner ; il est plutôt le fruit de la prière, du discernement spirituel et de l'obéissance à une mission divine. Il décrit clairement la réalité du combat spirituel – une réalité à laquelle de nombreux croyants sont confrontés quotidiennement, mais pour laquelle ils manquent souvent d'enseignement, de compréhension ou d'outils pour y faire face.

La Parole de Dieu enseigne clairement que notre combat n'est pas contre notre prochain, mais contre une armée de puissances et d'autorités ; une armée invisible d'esprits mauvais dans les lieux célestes, qui règnent sur le monde spirituel des ténèbres. Pourtant, nos croyants tentent parfois de mener ce combat spirituel par des moyens naturels, ce qui engendre souvent de la frustration, la lassitude et défaites inutiles. Ce guide, avec discernement, aborde ce sujet afin d'orienter correctement nos croyants et de leur permettre de comprendre pleinement la vérité du monde spirituel. Ainsi, ils pourront saisir leurs victoires déjà acquises en Christ et mieux comprendre, appliquer et fortifier leur foi.

Ce qui rend ce livre d'exercices si particulier, c'est son équilibre. Solidement ancré dans les Saintes Écritures, ses contenus sont très pratiques. Il ne glorifie ni n'ignore l'ennemi ; au contraire, il glorifie le Christ – Son autorité, Son œuvre accomplie à la croix – et la position légitime du croyant à cet égard. Par l'enseignement, la réflexion, la prière et la mise en pratique de cet ouvrage, les lecteurs trouveront des conseils avisés qui les aideront à reconnaître les attaques spirituelles, à demeurer fermes dans la foi et à mener le combat spirituel avec un esprit de victoire plutôt que de crainte et de défaite.

J'ai été témoin du calendrier spirituel quotidien du Dr Rosemica : son dévouement à la prière, son amour pour la Parole de Dieu et son amour sincère pour le peuple de Dieu. Cet ouvrage témoigne non seulement d'une saine doctrine, mais aussi d'un cœur qui désire de voir que les croyants soient guéris, restaurés et fortifiés pour vivre dans la victoire que le Christ a donnée. Elle a écrit ce livre avec la sagesse que Dieu lui a donnée pour prendre soin de son peuple, avec une grande maturité spirituelle et aussi avec une profonde sensibilité aux aspirations du Saint-Esprit.

Je crois que ce livre sera une bénédiction pour tout le monde, les familles, les groupes de prière et les églises. Il fortifiera les mariages, ouvrira les yeux spirituels, ravivera la vie de prière et rappellera aux croyants qu'ils ne sont pas impuissants, mais plutôt qu'ils ont la victoire totale en Christ.

En étudiant cet ouvrage d'exercices, je vous encourage à l'aborder dans un esprit de prière. Laissez le Saint-Esprit vous révèle la vérité, vous convainc lorsque c'est nécessaire et vous donner la force d'avancer sur le chemin qui vous attend. Ce livre n'est pas seulement un livre à lire, mais aussi un guide précieux pour la vie quotidienne.

Que Dieu utilise ce livre pour éveiller votre conscience spirituelle, briser les forces écrasantes auxquelles vous êtes confrontés et susciter des croyants qui puissent demeurer fermes dans la foi, marcher avec confiance, autorité, et vivre pleinement la victoire qui est cachée en Christ.

Farile Erase,
Pasteur, formateur d'église, conseiller familial et formateur dans le domaine matrimonial

Manuel pédagogique du combat spirituel

Guide pratique pour
une vie victorieuse
en Christ

Introduction

« Au reste, fortifiez-vous dans le Seigneur, et par sa force toute-puissante. »
(Éphésiens 6:10, LSG)

Le spirituel n'est pas un mythe, une métaphore ou un concept réservé à quelques combat croyants seulement. C'est une réalité quotidienne dans la vie de chaque disciple de Jésus-Christ. Que nous le reconnaissions ou non, il existe un véritable ennemi qui cherche à détruire des vies, diviser des familles, affaiblir la foi et empêcher l'accomplissement des desseins de Dieu.

Ce livre d'exercices est né d'une passion pour pouvoir équiper le Corps de Christ avec la vérité, les outils et l'assurance nécessaires pour tenir ferme face à la résistance spirituelle. Trop de croyants sont vaincus simplement parce qu'ils ignorent la bataille dans laquelle ils se trouvent — ou sont mal préparés pour la mener.

Qu'est-ce que le combat spirituel ?

Le combat spirituel fait référence à la bataille invisible entre le Royaume de Dieu et les forces des ténèbres. Elle se déroule dans le monde spirituel, mais se manifeste dans le monde visible ; dans nos vies, nos relations, nos émotions, nos décisions et nos ministères.

La bonne nouvelle, c'est ceci : **Jésus a déjà remporté la victoire**. En tant que croyants, nous ne combattons pas *pour* la victoire, mais plutôt nous combattons à *partir de* la victoire. Nous devons néanmoins saisir les armes spirituelles que Dieu a mises à notre disposition, marcher dans le discernement et demeurer enracinés dans Sa Parole.

Pourquoi ce livre d'exercices ?

Ce manuel est un guide biblique, pratique et personnel conçu pour :

- Vous aider à comprendre votre identité et votre autorité en Christ,

- Vous enseigner comment revêtir toute l'armure de Dieu,

- Vous équiper à résister au diable et marcher dans la liberté,

- Vous offrir des méditations quotidiennes, des prières et des outils
  pour des discussions en groupe,

- Vous conduire dans une expérience plus profonde de délivrance,
  d'intercession et de victoire.

Que vous soyez un nouveau croyant ou un responsable expérimenté, cet
ouvrage est pour vous. Il est conçu pour être étudié seul, enseigné en petits
groupes ou partagé dans des ministères de prière.

Comment utiliser cet ouvrage d'exercices

- **Individuellement** : Travaillez chaque chapitre avec votre Bible
  ouverte, prenez des notes, méditez et appliquez.

- **En groupe** : Utilisez les notes d'enseignement et les guides de
  discussion pour faciliter l'étude et la prière en groupe.

- **En tant que responsable** : Adaptez les chapitres pour des
  prédications, des classes ou des formations pour le ministère de
  délivrance.

*« Les armes avec lesquelles nous combattons ne sont pas charnelles ; mais
elles sont puissantes, par la vertu de Dieu, pour renverser des forteresses. »*
(2 Corinthiens 10:4, LSG)

Commençons !

CHAPITRE 1 :
LA RÉALITÉ DU MONDE SPIRITUEL

Versets clés

- **Éphésiens 6:12 (LSG)** — *« Car nous n›avons pas à lutter contre la chair et le sang, mais contre les dominations, contre les autorités, contre les princes de ce monde de ténèbres, contre les esprits méchants dans les lieux célestes. »*

- **2 Rois 6:17 (LSG)** — *« Élisée pria, et dit: Éternel, ouvre ses yeux, pour qu›il voie. Et l›Éternel ouvrit les yeux du serviteur, qui vit la montagne pleine de chevaux et de chars de feu autour d›Élisée. »*

Aperçu du sujet

Le monde spirituel est plus réel que ce que nous voyons avec nos yeux naturels. Tout au long de la Bible, le monde spirituel est dévoilé lors de rencontres divines et de visions prophétiques. C'est un royaume qui coexiste avec le monde naturel et est peuplé d'anges, de démons et de la puissance de Dieu. Comprendre sa présence est fondamental pour le combat spirituel.

Étude approfondie

1. La Bible révèle deux mondes : le visible (physique) et l'invisible (spirituel).

- Le monde physique est ce que nous expérimentons avec nos cinq sens — ce que nous voyons, entendons, touchons, goûtons et sentons. Mais l'Écriture montre clairement qu'il existe aussi un monde spirituel tout aussi réel, bien qu'invisible.

- **2 Corinthiens 4:18** dit : « Nous ne regardons pas aux choses visibles, mais à celles qui sont invisibles ; car les choses visibles sont passagères, et les invisibles sont éternelles. »

- Le monde visible est temporaire, tandis que le monde spirituel est éternel. Beaucoup de luttes terrestres sont directement liées à des combats menés dans cette dimension invisible.

- **Perspective pratique** : Les croyants ne doivent pas se

concentrer uniquement sur des solutions naturelles, mais aussi invoquer l'intervention de Dieu dans le monde spirituel.

---

2. Les anges et les démons sont actifs dans le monde invisible (Daniel 10, Apocalypse 12).

- Les anges sont des esprits serviteurs envoyés par Dieu pour protéger, guider et fortifier son peuple (Hébreux 1:14).

- Les démons sont des anges déchus qui se sont rebellés avec Satan, s'opposent aux desseins de Dieu et tentent de tromper, opprimer et détruire (Jean 10:10).

- Dans **Daniel 10**, l'ange Gabriel a été retardé vingt-et-un jours (21) par un « prince de Perse » démoniaque jusqu'à ce que l'archange Michel vienne à son aide. Cela montre que les conflits spirituels peuvent influencer les événements sur la terre.

- **Apocalypse 12** dépeint une guerre dans le ciel où Satan et ses anges ont combattu Michel et les anges de Dieu.

- **Perspective pratique** : L'activité spirituelle se déroule autour de nous, que nous le reconnaissions ou non. Les chrétiens doivent se rappeler qu'ils ne sont pas seuls — Dieu a assigné une aide céleste.

---

3. Les batailles spirituelles se manifestent souvent dans des domaines tels que la tentation, l'oppression, la peur, la maladie et le découragement.

- **La tentation** : Satan a tenté Jésus dans le désert (Matthieu 4:1–11). La tentation n'est pas aléatoire ; c'est une attaque ciblée contre nos faiblesses.

- **L'oppression** : Dans **Actes 10:38**, Jésus allait « guérir tous ceux qui étaient sous l'empire du diable. »

- **La peur** : La peur est souvent une tactique de l'ennemi pour paralyser les croyants et les empêcher de marcher dans la foi (2 Timothée 1:7).

- **La maladie** : Bien que toutes les maladies ne soient pas démoniaques, l›Écriture montre des cas où la maladie était liée à une influence démoniaque (Luc 13:11–16).

- **Le découragement** : Élie, après une grande victoire, est tombé dans le désespoir et a souhaité mourir (1 Rois 19:1–4). Cela montre comment les combats spirituels peuvent affecter les émotions et la santé mentale.

- **Perspective pratique** : Lorsque des schémas inhabituels de tentation, de peur ou d›oppression persistent, ils peuvent indiquer une résistance spirituelle. Ces situations nécessitent la prière, la parole et une fermeté dans la foi.

4. Ignorer la réalité du monde spirituel rend les croyants vulnérables.

- Lorsque les chrétiens minimisent ou ignorent le combat spirituel, ils risquent d'être pris par surprise par l'ennemi.

- **Osée 4:6** avertit : « Mon peuple est détruit, parce qu›il lui manque la connaissance. »

- L'ennemi prospère dans le secret et la tromperie. En prétendant que les combats spirituels n'existent pas, les croyants lui donnent de l'espace pour agir sans contrôle.

- Paul a averti les Corinthiens de rester vigilants pour que « Satan n'ait pas sur nous l'avantage, car nous n'ignorons pas ses desseins » (2 Corinthiens 2:11, LSG).

- **Perspective pratique** : La connaissance du monde spirituel équipe les croyants pour prier avec stratégie, résister à la tentation et protéger leurs foyers et leurs familles.

Signes courants

- Peur ou confusion persistante sans cause claire

- Cycles répétés d'échec ou d'asservissement

- Division ou conflit constants dans les familles ou les églises

- Rêves qui apportent oppression ou peur

- Une atmosphère de lourdeur ou de désespoir

Exemple

Un croyant ressentait constamment une présence pesante dans son foyer la nuit et luttait contre une peur irrationnelle. Après avoir prié et dédié sa maison à Christ, la paix et la liberté ont remplacé la peur.

Exemple biblique

Dans **2 Rois 6**, le serviteur d'Élisée panique à la vue de l'armée syrienne. Élisée prie, et Dieu ouvre les yeux du serviteur pour voir la montagne pleine de chars et de chevaux de feu célestes. Ce qui semblait être une défaite certaine était en réalité entouré de la protection de Dieu.

Questions de réflexion

- Vivez-vous avec la conscience qu'il existe un combat au-delà du physique ? Demandez à Dieu d'ouvrir vos yeux spirituels.

- À quel point êtes-vous conscient(e) de la bataille spirituelle qui vous entoure ?

....

....

....

....

....

- De quelles manières avez-vous expérimenté la réalité du combat spirituel ?

....

....

....

....

....

- En quoi la connaissance de votre autorité en Christ affecte-t-elle votre assurance dans la bataille ?

....

....

....

....

....

Exercices

1. **Réflexion journalière :**
   Écrivez à propos d'un moment où vous avez perçu une opposition spirituelle dans votre vie. Comment avez-vous réagi ? Que feriez-vous différemment aujourd'hui avec cette nouvelle compréhension ?

2. **Méditation des Écritures :**
   Passez cinq minutes par jour cette semaine à méditer sur **Éphésiens 6:12**. Notez toutes les lumières ou impressions que vous recevez.

3. **Exercice de prière :**
   Commencez chaque jour de cette semaine en priant : *« Seigneur, aide-moi à discerner et à tenir ferme contre les combats spirituels autour de moi. Remplis-moi de Ta force et de Ta sagesse. »*

Questions de discussion (en groupe)

- Pourquoi est-il important de comprendre que notre lutte n'est pas « contre la chair et le sang » ?

- Comment cette perspective change-t-elle notre façon d'aborder les difficultés de la vie ?

- Quels défis les croyants rencontrent-ils lorsqu'ils acceptent la réalité du combat spirituel ?

Guide de prière

- **Prière pour la prise de conscience :**
  « Père, ouvre mes yeux dans la bataille spirituelle qui m'entoure. Aide-moi à reconnaître les ruses de l'ennemi et à tenir ferme à travers Ta force. »

- **Prière pour l'identité :**
  « Seigneur Jésus, rappelle-moi chaque jour que je suis assis(e) avec Toi dans les lieux célestes, revêtu(e) d'autorité et de victoire. Aide-moi à marcher avec assurance dans cette vérité. »

- **Prière pour la protection :**
  « Saint-Esprit, entoure-moi de Ta paix et de Ta protection. Préserve-moi de la tromperie, de la peur et des attaques de l'ennemi. »

Thèmes abordés dans ce chapitre

- Le monde spirituel dans les Saintes Écritures

- La chute de Lucifer et l'essor des forces démoniaques

- Les anges, les démons et leur influence dans le monde d'aujourd'hui

- Le rôle du croyant dans la prise de conscience spirituelle

- Les deux mondes : visible (physique) et invisible (spirituel)

- L'activité des anges et des démons

- Comment les batailles spirituelles se manifestent dans la vie quotidienne (la tentation, la peur, l'oppression, la maladie, le découragement)

- Le danger d'ignorer le combat spirituel

- L'appel du croyant à la vigilance et à la conscience spirituelle

CHAPITRE 2 :
COMPRENDRE L'ENNEMI

Verset clé

- **1 Pierre 5:8** — *« Soyez sobres, veillez. Votre adversaire, le diable, rôde comme un lion rugissant, cherchant qui il dévorera. »*

Aperçu du sujet

Satan est un ennemi vaincu, mais il demeure une menace redoutable. Discerner ses stratégies et ses objectifs permet une résistance efficace. Ses principales tactiques sont la tromperie, l'accusation, la tentation et l'oppression. Bien qu'il ne puisse pas dominer les enfants de Dieu, il cherche à les distraire, à les diviser et à les détruire par des mensonges. Comprendre ces stratégies aide les croyants à identifier et à résister à ses attaques.

Étude approfondie

1. Satan est réel, mais il est un adversaire vaincu (Colossiens 2:15).

- Beaucoup de gens aujourd'hui minimisent Satan, le considérant comme un simple symbole du mal, mais les Écritures indiquent clairement qu'il est un être spirituel réel, l'adversaire de Dieu et de Son peuple.

- Cependant, Satan n'est pas l'égal de Dieu. C'est une créature, déjà vaincue par l'œuvre de Christ à la croix.

- **Colossiens 2:15** dit : « Il a dépouillé les dominations et les autorités, et les a livrées publiquement en spectacle, en triomphant d'elles par la croix. »

- Cela signifie que Satan a perdu son autorité légale sur les croyants. Son pouvoir opère désormais principalement par le mensonge et la tromperie, et non par un contrôle absolu.

- **Perspective pratique :** Nous combattons à *partir* de la victoire, non *pour* la victoire. Le croyant n'a pas à craindre le diable, mais doit rester vigilant et se tenir dans l'autorité de Christ.

2. Sa principale tactique est la tromperie — tordre la Parole de Dieu ou semer des mensonges (Genèse 3).

- Dès le commencement, la stratégie de Satan a été de déformer la Parole de Dieu. Dans le jardin d'Éden, il demanda à Ève : « Dieu a-t-il réellement dit... ? » (Genèse 3:1). En tordant l'ordre de Dieu, il a semé le doute et la tromperie.

- Jésus l'a décrit comme « le père du mensonge » (Jean 8:44). Ses mensonges mélangent souvent vérité et fausseté pour semer la confusion.

- La tromperie peut apparaître dans de faux enseignements, des visions du monde déformées et même des pensées négatives personnelles.

- **Perspective pratique :** La meilleure défense contre la tromperie est de connaître les Écritures. Tout comme Jésus a répondu à la tentation par « Il est écrit... » (Matthieu 4), les croyants doivent utiliser la Parole de Dieu pour exposer les mensonges.

3. Il accuse les croyants devant Dieu (Apocalypse 12:10).

- L'un des noms de Satan est « l'accusateur de nos frères ». **Apocalypse 12:10** dit : « Maintenant le salut est arrivé... car l'accusateur de nos frères a été précipité, lui qui les accusait devant notre Dieu jour et nuit. »

- Ses accusations surviennent souvent sous forme de pensées condamnantes qui font se sentir indigne, sans amour ou impardonnable.

- Contrairement à la conviction du Saint-Esprit (qui conduit à la repentance et à la restauration), les accusations de Satan mènent à la honte et au désespoir.

- **Perspective pratique :** Les croyants peuvent réduire au silence les accusations de l›ennemi avec la vérité de la Parole de Dieu, en particulier **Romains 8:1** : « Il n›y a donc maintenant aucune condamnation pour ceux qui sont en Jésus-Christ. »

---

4. Il aveugle l'intelligence des incrédules pour les empêcher de connaître le salut (2 Corinthiens 4:4).

- Le but du diable est d'empêcher les gens de connaître Christ. **2 Corinthiens 4:4** déclare : « ...le dieu de ce siècle a aveuglé l›intelligence des incrédules, pour qu›ils ne voient pas briller la splendeur de l›Évangile... »

- Cet aveuglement se produit par les distractions, les fausses religions, les philosophies mondaines, l'orgueil ou même l'apathie spirituelle.

- L'aveuglement spirituel n'est pas seulement de l'ignorance ; c'est un obscurcissement intentionnel influencé par l'ennemi.

- **Perspective pratique :** Les croyants doivent prier pour que Dieu ouvre les yeux des incrédules. L›évangélisation et l›intercession sont des armes contre cet aveuglement spirituel.

---

5. Il cherche à influencer la culture, les familles et les individus par le péché et le compromis.

- Satan œuvre non seulement dans les vies personnelles mais aussi dans la société, façonnant la culture d'une manière qui s'oppose à la vérité de Dieu.

- Les exemples incluent le compromis moral, la banalisation du péché, les familles brisées et les idéologies qui rejettent Dieu.

- **Éphésiens 2:2** décrit les incrédules comme suivant « le prince de la puissance de l›air, de l›esprit qui agit maintenant dans les fils de la rébellion. »

- En incitant les gens au compromis — que ce soit dans les divertissements, les relations ou les valeurs —, Satan affaiblit la foi et corrompt les générations.

- **Perspective pratique :** Les chrétiens sont appelés à être « le sel de la terre » et « la lumière du monde » (Matthieu 5:13-16), résistant aux pressions culturelles et demeurant fermes dans la sainteté tout en influençant la société pour Christ.

Signes courants

- Sentiments persistants de condamnation malgré la repentance

- Confusion entre vérité et mensonge

- Tentation constante dans les zones de faiblesse

- Division dans les relations

- Peur, honte ou culpabilité qui paralyse la croissance spirituelle

Exemple

Un croyant luttait constamment contre la pensée : « Dieu ne t'aime plus. » Ce mensonge l'a amené à se retirer de la prière. Une fois qu'il en a reconnu la source, il a résisté au mensonge avec **Romains 8:38-39**, et la paix est revenue.

Exemple biblique

Dans **Matthieu 4**, Satan a tenté Jésus avec la nourriture, le pouvoir et la reconnaissance. À chaque fois, Jésus a répondu par les Écritures : « Il est écrit... » Son exemple montre que la victoire vient de la connaissance et de l'application de la Parole de Dieu.

L'ennemi n'a pas de nouveaux tours — ses tactiques sont les mêmes qu'au commencement : mensonges, tentation et distraction. Reconnaître le mensonge est la première étape ; le remplacer par la vérité est la seconde.

Application pratique

- Priez pour que vos yeux spirituels s'ouvrent.

- Engagez-vous dans le monde spirituel par la prière, l'adoration et la Parole.

- Restez ancré dans la vérité biblique pour éviter la peur ou le mysticisme.

Questions de réflexion

- Quels mensonges ou tromperies avez-vous remarqués que l'ennemi utilise contre vous ?

....

....

....

....

- Pouvez-vous identifier des faiblesses personnelles que l'ennemi pourrait exploiter ?

....

....

....

....

- En quoi la compréhension des tactiques de l'ennemi change-t-elle votre approche du combat spirituel ?

....

....

....

....

....

- Parmi les stratégies de l'ennemi, lesquelles avez-vous observées dans votre propre vie ? Comment pouvez-vous lui résister par la Parole de Dieu ?

....

....

....

....

....

Exercices

1. **Inventaire personnel :** Notez les domaines de votre vie où vous vous sentez vulnérable à la tentation ou au découragement. Priez pour chaque domaine, demandant à Dieu force et protection.

2. **Défense par les Écritures :** Mémorisez et déclarez à haute voix **Jacques 4:7** — « Soumettez-vous donc à Dieu ; résistez au diable, et il fuira loin de vous. » Utilisez ce verset chaque fois que vous vous sentez attaqué(e).

3. **Prière de confession et de protection :** Priez quotidiennement, confessant tout péché connu/inconnu et demandant à Dieu
   de renforcer vos défenses dans les zones de faiblesse.

Questions de discussion (en groupe)

- Comment pouvons-nous distinguer quand l'ennemi utilise la
  tromperie et quand nous faisons face à des défis naturels ?

- Quelles mesures pratiques pouvez-vous prendre pour « connaître
  vos points faibles » et les garder efficacement ?

- Quel rôle jouent la communauté et la reddition de comptes dans la
  protection spirituelle ?

Guide de prière

- **Prière pour la révélation :**
  *« Seigneur, révèle-moi les ruses de l'ennemi et les domaines où je
  suis vulnérable. Aide-moi à tenir ferme et à résister à ses attaques. »*

- **Prière pour la force :**
  *« Père, revêts-moi de la puissance de Ton Esprit pour surmonter la
  tentation, le découragement et la distraction. Aide-moi à vivre dans
  la liberté et la victoire. »*

- **Prière pour la protection :**
  *« Jésus, couvre-moi de Ton sang et entoure-moi de Tes anges.
  Garde-moi à l'abri de tout mal spirituel. ».*

Thèmes abordés dans ce chapitre

- Qui est Satan ?

- La nature des démons

- Stratégies courantes de l'ennemi (tromperie, distraction, découragement)

- Connaître ses points faibles et les garder

- L'identité et les tactiques de Satan

- Mensonges, accusations et tentations

- La victoire par Christ et la Parole

- Remplacer le mensonge par la vérité

- Vivre vigilant mais sans crainte

CHAPITRE 3 :
NOTRE IDENTITÉ EN CHRIST

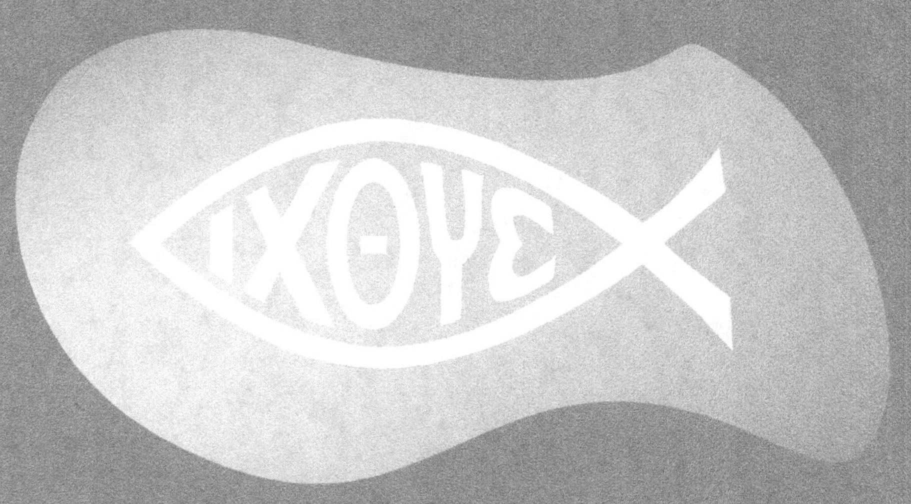

Verset clé

- **2 Corinthiens 5:17** — *« Si quelqu'un est en Christ, il est une nouvelle créature. Les choses anciennes sont passées ; voici, toutes choses sont devenues nouvelles. »*

Aperçu du sujet

Connaître son identité en Christ est crucial pour remporter les batailles spirituelles. Votre identité est le fondement de votre autorité, de votre assurance et de votre liberté. Comprendre qui vous êtes en Christ vous rend puissant dans le combat spirituel. L'ennemi tente de déformer votre image de vous-même, mais Christ vous a redéfini(e) comme aimé(e), pardonné(e) et victorieux (se). S'approprier cette vérité est la clé de la victoire.

Ce chapitre explore en profondeur quatre vérités fondamentales sur notre nouvelle vie en Christ.

Étude approfondie

1. Vous êtes une nouvelle création

Lorsque vous recevez Jésus comme Seigneur et Sauveur, vous n'êtes pas simplement amélioré(e) ; vous êtes recréé(e). Votre vieille nature pécheresse est crucifiée avec Christ (Galates 2:20), et vous êtes rendu(e) spirituellement vivant(e). Cette transformation inclut un nouveau cœur, de nouveaux désirs et une nouvelle position devant Dieu.

- **Romains 6:4** — « Nous avons donc été ensevelis avec lui par le baptême en sa mort, afin que, comme Christ est ressuscité des morts par la gloire du Père, de même nous aussi nous marchions en nouveauté de vie. »

- **Ézéchiel 36:26** — « Je vous donnerai un cœur nouveau, et je mettrai en vous un esprit nouveau. »

- **Perspective pratique :** Cessez de vous identifier à vos péchés ou échecs passés. Confessez à haute voix : *« Je suis une nouvelle création en Christ — mon passé ne me définit pas. »*

---

2. Vous êtes assis(e) avec Christ dans les lieux célestes

Le fait d'être « assis avec Christ » (Éphésiens 2:6) est une vérité positionnelle. Cela signifie que vous partagez la victoire et le règne de Jésus. Vous ne combattez pas à partir d'une position de défaite, mais d'autorité spirituelle.

- **Éphésiens 1:20-21** — [Christ est] assis à sa droite dans les lieux célestes, au-dessus de toute domination, de toute autorité...

- **Colossiens 3:1-3** — « Si donc vous êtes ressuscités avec Christ, cherchez les choses d›en haut... »

- **Perspective pratique :** Commencez chaque jour en affirmant votre position céleste. Cela change votre état d›esprit, de la peur à la victoire.

---

3. L'autorité du croyant

Jésus a donné à ses disciples l'autorité de marcher sur toute la puissance de l'ennemi (Luc 10:19). Cette autorité ne repose pas sur notre mérite, mais sur la victoire de Christ sur le péché, la mort et Satan.

- **Marc 16:17** — « ...en mon nom, ils chasseront les démons... »

- **Jacques 4:7** — Soumettez-vous donc à Dieu ; résistez au diable, et il fuira loin de vous.

- **Perspective pratique :** Exercez votre autorité en proclamant les Écritures, en réprimandant l›ennemi au nom de Jésus et en priant avec audace. L›autorité est plus efficace lorsqu›elle est enracinée dans l›obéissance et l›intimité avec Dieu.

4. Vivre selon votre identité céleste

Votre identité ne dépend pas de vos émotions, de vos réussites ou de
l'opinion des autres. Vous êtes un enfant de Dieu, un cohéritier avec Christ,
un citoyen du ciel et la justice de Dieu (Romains 8:17 ; Philippiens 3:20 ; 2
Corinthiens 5:21).

Vivre à partir de cette identité implique :

- De renouveler votre intelligence par la vérité (Romains 12:2)

- De marcher par l'Esprit (Galates 5:16)

- De poursuivre la sainteté (1 Pierre 1:15-16)

- **Perspective pratique :** Tenez un journal d'affirmations sur qui
  vous êtes en Christ. Prononcez-les à haute voix pendant la prière.
  Laissez votre identité façonner vos choix et vos réactions.

Questions de réflexion

- En quoi le fait de savoir que vous êtes une nouvelle création
  change-t-il votre vision de vous-même et de vos combats ?

- De quelles manières pouvez-vous vivre plus constamment à partir de votre position céleste ?

....

....

....

....

....

- Comment exercez-vous actuellement votre autorité en Christ ? Où pourriez-vous grandir ?

....

....

....

....

....

- Vivez-vous comme une nouvelle création ou comme votre ancien moi ? Qu'est-ce qui changerait si vous croyiez vraiment être assis(e) avec Christ dans la victoire ?

....

....

....

....

- Croyez-vous ce que Dieu dit de vous ? Comment pouvez-vous marcher dans cette identité cette semaine ?

....

....

....

....

....

Exercices

1. **Déclaration d'identité :** Rédigez une déclaration personnelle basée sur des versets clés sur l'identité (ex. : « Je suis une nouvelle création », « Je suis assis(e) avec Christ », « J'ai autorité sur l'ennemi »). Prononcez-la à haute voix chaque jour.

2. **L'autorité en action :** Entraînez-vous à prier sur une situation de votre vie, en revendiquant l'autorité que Jésus vous a donnée pour la surmonter. Notez dans un journal ce que vous percevez que Dieu fait.

3. **État d'esprit céleste :** Prenez cinq minutes chaque jour pour méditer sur **Éphésiens 2:6**, en vous imaginant assis(e) avec Christ et fortifié(e) par sa présence.

Questions de discussion (en groupe)

- Quels sont quelques mensonges que vous avez crus à votre sujet et qui doivent être remplacés par votre véritable identité ?

- Comment le fait de vivre à partir de votre position céleste peut-il influencer votre marche quotidienne et vos combats spirituels ?

- Quelles sont des façons pratiques de renforcer votre foi dans l'exercice de l'autorité spirituelle ?

Guide de prière

- **Prière pour l'identité :**
  *« Seigneur, aide-moi à saisir pleinement qui je suis en Toi —
  une nouvelle création, rachetée(e) et revêtue de Ta puissance.
  Enseigne-moi à vivre dans cette vérité. »*

- **Prière pour la transformation :**
  *« Saint-Esprit, renouvelle mon intelligence chaque jour. Aide-moi à
  rejeter les mensonges de l'ennemi et à embrasser mon identité en
  Christ. »*

Thèmes abordés dans ce chapitre

- Vous êtes une nouvelle création

- Vous êtes assis(e) avec Christ dans les lieux célestes

- L'autorité du croyant

- Vivre selon votre identité céleste

- L'identité et les tactiques de Satan

- Mensonges, accusations et tentations

- La victoire par le Christ et la Parole

- Remplacer les mensonges par la vérité

- Vivre en alerte mais sans peur

CHAPITRE 4 :
L'AUTORITÉ DU CROYANT

Verset clé

- **Luc 10:19** — *« Voici, je vous ai donné le pouvoir de marcher sur les serpents et les scorpions, et sur toute la puissance de l'ennemi ; et rien ne pourra vous nuire. »*

Aperçu du sujet

Les croyants ne sont pas des victimes impuissantes. Jésus a donné à ses disciples le pouvoir de marcher sur les forces des ténèbres. L'autorité du croyant est un héritage spirituel en Christ. Nous sommes revêtus de puissance pour vaincre l'ennemi, proclamer avec hardiesse la Parole de Dieu et agir en accord avec les desseins du ciel. Ce chapitre explore comment utiliser cette autorité avec sagesse et efficacité.

Étude approfondie

1. Une autorité déléguée par Christ

Jésus détient toute autorité dans les cieux et sur la terre (Matthieu 28:18), et il a délégué cette autorité à son Église. Cela signifie que les croyants agissent non en leur propre nom, mais au nom de Jésus. Cette délégation est légale, spirituelle et puissante.

- **Matthieu 28:18-20** — « Tout pouvoir m'a été donné dans le ciel et sur la terre. Allez... »

- **Jean 14:12-14** — « Celui qui croit en moi fera aussi les œuvres que je fais... »

- **Perspective pratique :** Tout comme le badge d'un policier représente l'autorité gouvernementale, votre usage du nom de Jésus représente la puissance et l'autorité divines.

2. Comment utiliser l'autorité spirituelle dans la prière et le combat

L'autorité s'exerce par :

- **La proclamation de la Parole de Dieu** — Comme Jésus l'a fait dans le désert (Matthieu 4).

- **La prière au nom de Jésus** — Ce n'est pas une formule magique, mais une position d'alignement avec sa volonté.

- **L'ordre donné aux esprits de partir** — Comme les apôtres l'ont fait dans le livre des Actes.

- **L'intercession avec assurance** — En sachant que le ciel entend et répond.

Appui scripturaire :

- **Marc 11:23-24** — Parlez à la montagne et croyez.

- **Actes 16:18** — Paul ordonne à un esprit de divination de sortir.

3. Lier et délier

Jésus a donné aux croyants l'autorité de lier et de délier (Matthieu 16:19 ; 18:18). Cela signifie :

- **Lier** = interdire ou restreindre (ex. : l'influence démoniaque, les mensonges, la peur).

- **Délier** = permettre ou libérer (ex. : la vérité, la guérison, la paix).

Exemple pratique : *« Au nom de Jésus, je lie tout esprit de confusion et de peur. Je délie la paix et la sagesse de Dieu sur cette situation. »*

Appui scripturaire :

- **Matthieu 18:18** — « Tout ce que vous lierez sur la terre sera lié dans le ciel... »

- **Ésaïe 61:1** — Jésus proclame la liberté aux captifs.

---

4. Quand tenir ferme et quand fuir

Il y a une sagesse à savoir quand tenir ferme et quand se retirer :

- **Tenir ferme :** Lorsqu›on fait face à des attaques spirituelles, des tentations ou l›injustice (Éphésiens 6:13 ; Jacques 4:7).

- **Fuir :** Face au péché qui tente la chair. Fuyez « les passions de la jeunesse » (2 Timothée 2:22), l›idolâtrie (1 Corinthiens 10:14) et l›immoralité sexuelle (1 Corinthiens 6:18).

Questions de réflexion

- Comment comprenez-vous l'autorité qui vous a été déléguée en Christ ?

....

....

....

....

....

....

● Pouvez-vous vous souvenir d'un moment où vous avez exercé
   l'autorité spirituelle avec efficacité ?

....

....

....

....

● Comment discernez-vous quand il faut tenir ferme et quand il faut
   vous retirer ?

....

....

....

....

● Où avez-vous été passif (ve) alors que Dieu vous a donné
   l'autorité ? Où avez-vous besoin de discernement pour tenir ferme
   ou fuir ?

....

....

....

....

- Utilisez-vous votre autorité ou vivez-vous dans la peur ? Parlez et agissez avec assurance dans la puissance de Jésus.

....

....

....

....

- Pourquoi tant de croyants hésitent-ils à utiliser leur autorité ?

....

....

....

....

- En quoi le fait de connaître votre position en Christ vous donne-t-il de l'assurance ?

....

....

....

....

Exercices

1. **Exercice de prière d'autorité :** Écrivez et priez une courte prière déclarant votre autorité sur un domaine spécifique de lutte ou d›attaque.

2. **Exercice de lier et délier :** Identifiez un domaine de votre vie ou de votre communauté nécessitant une intervention spirituelle. Priez pour lier l›œuvre de l›ennemi et pour délier les bénédictions de Dieu.

3. **Journal du discernement :** Réfléchissez à des situations où vous avez besoin de guidance pour tenir ferme ou vous retirer. Notez ce que vous percevez que Dieu vous dit.

Questions de discussion (en groupe)

- Que signifie concrètement « lier » et « délier » dans votre vie quotidienne ?

- Comment les croyants peuvent-ils grandir dans l'assurance d'utiliser leur autorité spirituelle ?

- Quels sont quelques exemples de batailles où le fait de tenir ferme ou de se retirer stratégiquement a changé l'issue ?

Guide de prière

- **Prière pour l'audace :**
  « Seigneur, aide-moi à marcher avec hardiesse dans l'autorité que Tu m'as donnée. Que je l'utilise pour établir Ton Règne sur la terre. »

- **Prière pour le discernement :**
  « Saint-Esprit, guide-moi pour savoir quand tenir ferme et quand me retirer. Enseigne-moi la sagesse dans chaque combat. »

- **Prière pour l'alignement :**
  « Père, aide-moi à aligner ma volonté sur la Tienne, afin que mes prières et mon autorité reflètent Ton plan parfait. »

- **Prière pour l'autorité :**
  « Jésus, merci de m'avoir donné l'autorité sur l'ennemi. Aide-moi à marcher avec hardiesse et assurance dans cette autorité. »

Thèmes abordés dans ce chapitre

- L'autorité déléguée par Christ

- Comment utiliser l'autorité spirituelle dans la prière et le combat

- Lier et délier

- Quand tenir ferme et quand fuir

CHAPITRE 5 :
L'ARMURE DE DIEU

Versets clés

- **Éphésiens 6:11** — « *Revêtez-vous de toutes les armes de Dieu, afin de pouvoir tenir ferme contre les ruses du diable.* »

- **Éphésiens 6:13-17** — *Décrit chaque pièce de l'armure spirituelle.*

Aperçu du sujet

Dieu nous fournit une armure spirituelle pour nous protéger et nous permettre de tenir ferme contre les attaques de l'ennemi. L'apôtre Paul décrit l'armure spirituelle du croyant dans **Éphésiens 6:10-18**. Chaque pièce joue un rôle stratégique pour défendre et fortifier les chrétiens dans les combats spirituels. L'armure de Dieu prépare les croyants à la victoire quotidienne. Chaque pièce représente une vérité ou une discipline cruciale pour demeurer ferme dans le combat spirituel.

Étude approfondie

1. La ceinture de la vérité

La vérité est fondamentale. La ceinture maintenait la tunique du soldat romain et portait l'épée. Spirituellement, elle tient tout ensemble. La vérité combat les mensonges et la tromperie.

- **Jean 8:32** — « *Vous connaîtrez la vérité, et la vérité vous affranchira.* »

- **Psaume 119:160** — « *Le fondement de ta parole est la vérité.* »

- **Perspective pratique :** Ancrez votre vie dans la vérité de Dieu, non dans les opinions ou les sentiments. Mémorisez les Écritures pour combattre les mensonges de l'ennemi.

2. La cuirasse de la justice

La cuirasse protégeait les organes vitaux, surtout le cœur. La justice nous
protège de la condamnation et des accusations.

- **2 Corinthiens 5:21** — « Celui qui n›a point connu le péché, il l›a
  fait devenir péché pour nous, afin que nous devenions en lui justice
  de Dieu. »

- **Romains 8:1** — « Il n›y a donc maintenant aucune condamnation
  pour ceux qui sont en Jésus-Christ. »

- **Perspective pratique :** Rappelez-vous chaque jour que vous
  êtes rendu juste par Christ, et non par vos propres œuvres.

3. Les chaussures de la préparation de l'Évangile de
paix

Les sandales romaines avaient des crampons pour l'adhérence et la stabilité. L'Évangile nous apporte la paix avec Dieu et nous équipe pour avancer
sans crainte.

- **Romains 5:1** — « Étant donc justifiés par la foi, nous avons la paix
  avec Dieu par notre Seigneur Jésus-Christ. »

- **Ésaïe 52:7** — « Qu›ils sont beaux sur les montagnes, les pieds de
  celui qui apporte de bonnes nouvelles. »

- **Perspective pratique :** Tenez-vous ferme dans la paix de Dieu.
  Soyez prêt à partager la bonne nouvelle partout où vous allez.

4. Le bouclier de la foi

Le bouclier romain couvrait tout le corps et pouvait éteindre les traits enflammés. La foi éteint les attaques de l'ennemi — le doute, la peur, les mensonges.

- **Hébreux 11:6** — « Sans la foi, il est impossible de lui être agréable. »

- **1 Jean 5:4** — « Tout ce qui est né de Dieu triomphe du monde ; et la victoire qui triomphe du monde, c›est notre foi. »

- **Perspective pratique :** Proclamez à haute voix les promesses de Dieu. Édifiez votre foi en lisant des témoignages et en déclarant la vérité.

5. Le casque du salut

Le casque protégeait la tête. Le salut garde nos pensées avec l'assurance de qui nous sommes et où nous allons.

- **1 Thessaloniciens 5:8** — « ...le casque, l›espérance du salut. »

- **Romains 12:2** — « Ne vous conformez pas au siècle présent, mais soyez transformés par le renouvellement de l›intelligence. »

- **Perspective pratique :** Combattez les pensées négatives en affirmant votre salut et la vérité de Dieu sur votre vie.

6. L'épée de l'Esprit

L'épée est la Parole de Dieu — à la fois défensive et offensive. Jésus l'a utilisée pour vaincre Satan dans le désert.

- **Hébreux 4:12** — « La parole de Dieu est vivante et efficace, plus tranchante qu›une épée quelconque à deux tranchants. »

- **Matthieu 4:4** — « Il est écrit… »

- **Perspective pratique :** Utilisez les Écritures lorsque vous priez et lorsque vous êtes attaqué. Que la Parole soit votre arme.

Questions de réflexion

- Quelle pièce de l'armure vous semble la plus solide en vous ?

....

....

....

....

- Comment pouvez-vous « revêtir » l'armure quotidiennement ?

....

....

....

....

- Comment avez-vous vu l'armure vous protéger dans des combats spirituels ?

....

....

....

....

- Quelle pièce de l'armure devez-vous le plus fortifier dans votre vie quotidienne ?

....

....

....

....

- Comment pouvez-vous la revêtir intentionnellement aujourd'hui ?

....

....

....

....

- Quelle pièce de l'armure devez-vous renforcer aujourd'hui ?

....

....

....

....

Exercices

1. **Prière de l'armure :** Priez à travers chaque pièce de l›armure chaque matin, demandant à Dieu de vous revêtir de force et de protection.

2. **Exercice de l›épée des Écritures :** Mémorisez et déclarez des Écritures qui contrent les attaques courantes auxquelles vous faites face.

3. **Bouclier de la foi :** Notez les moments où votre foi vous a protégé. Méditez sur ces victoires quand le doute ou la peur surgissent.

Questions de discussion (en groupe)

- Comment les différentes pièces de l'armure fonctionnent-elles ensemble dans le combat spirituel ?

- Partagez des témoignages sur la façon dont l'utilisation de l'armure vous a aidé à résister à la tentation ou à une attaque.

- Quelles habitudes quotidiennes peuvent vous aider à revêtir l'armure de manière constante ?

Guide de prière

Prière quotidienne : Revêtir l'armure de Dieu
(Basée sur Éphésiens 6:10-18)

1. **La ceinture de la vérité**
   Seigneur, je revêts la ceinture de la vérité. Aide-moi à marcher dans l'honnêteté et l'intégrité aujourd'hui. Ancre-moi dans Ta Parole, et que Ta vérité expose et détruise tout mensonge de l'ennemi. Jésus, Tu es la Vérité, et je choisis de me tenir sur Toi.

2. **La cuirasse de la justice**
   Père, je Te remercie pour la justice de Christ qui me couvre. Garde mon cœur de la condamnation, de la culpabilité et de la honte. Revêts-moi de puissance pour marcher dans la sainteté et l'obéissance aujourd'hui, faisant des choix qui Te plaisent et reflètent Ton caractère.

3. **Les chaussures de la paix**
   Seigneur, je chausse mes pieds de la préparation de l'Évangile de paix. Merci de m'avoir donné la paix avec Toi et la paix de Dieu dans chaque circonstance. Tiens-moi ferme quand le chaos arrive, et rends-moi prêt à partager la bonne nouvelle de Christ avec les autres aujourd'hui.

4. **Le bouclier de la foi**
   Père, je lève le bouclier de la foi. Fortifie ma confiance en Toi. Éteins tout trait enflammé de peur, de doute, de tentation ou de découragement que l'ennemi lance contre moi. Aide-moi à tenir ferme, croyant que Tu es fidèle et vrai.

5. **Le casque du salut**
   Seigneur, je revêts le casque du salut. Garde mon esprit des mensonges, de la confusion et du désespoir. Renouvelle mes pensées par Ta Parole. Rappelle-moi que je suis sauvé, pardonné et en sécurité en Christ. Remplis-moi de l'espérance de la vie éternelle.

6. **L'épée de l'Esprit**
   Saint-Esprit, je saisis l'épée de l'Esprit, qui est la Parole de Dieu. Rappelle-moi Ta Parole quand je suis attaqué. Enseigne-moi à déclarer les Écritures avec hardiesse, tout comme Jésus l'a fait. Que Ta Parole abatte les mensonges et apporte la victoire aujourd'hui.

Prière de clôture

Seigneur, je Te remercie qu'en Christ je suis pleinement armé et pleinement victorieux. Je choisis de tenir ferme dans Ta puissance et non dans la mienne. Couvre-moi de Ta présence, conduis-moi par Ton Esprit, et utilise-moi aujourd'hui comme un soldat de lumière. Au nom de Jésus, Amen.

Thèmes abordés dans ce chapitre

- La réalité du combat spirituel et pourquoi l'armure est essentielle (Éphésiens 6:10-18).

- La ceinture de la vérité : tenir ferme contre les mensonges et la tromperie.

- La cuirasse de la justice : garder le cœur par la sainteté et la justice de Christ.

- Les chaussures de la paix : trouver la stabilité dans la paix de Dieu et la préparation à partager l'Évangile.

- Le bouclier de la foi : éteindre les traits enflammés de la peur, du doute et de la tentation.

- Le casque du salut : protéger l'esprit avec l'assurance, l'espérance et le renouvellement.

- L'épée de l'Esprit : utiliser la Parole de Dieu comme défense et attaque.

- Comment l'armure fonctionne ensemble comme un système complet de protection et de puissance.

- Des moyens pratiques de « revêtir » l'armure quotidiennement par la prière, l'obéissance et les Écritures.

- Jésus comme modèle de port et d'usage de l'armure spirituelle.

- Vivre en croyant pleinement armé : avancer le Royaume de Dieu avec assurance et victoire.

CHAPITRE 6 :
LA PAROLE DE DIEU

Versets clés

- **Hébreux 4:12** — « *Car la parole de Dieu est vivante et efficace, plus tranchante qu›une épée quelconque à deux tranchants, pénétrante jusqu›à partager âme et esprit, jointures et moelles ; elle juge les sentiments et les pensées du cœur.* »

- **Matthieu 4:4** — « *Il est écrit : L›homme ne vivra pas de pain seulement, mais de toute parole qui sort de la bouche de Dieu.* »

Aperçu du sujet

La Parole de Dieu est l'outil le plus puissant du croyant. Elle révèle la vérité, fortifie la foi et dissipe les mensonges. En proclamant les Écritures à haute voix, nous affirmons notre autorité spirituelle. En tant qu'arme offensive, la Parole de Dieu nous équipe pour contrer les tactiques de l'ennemi. Les Écritures sont essentielles pour triompher dans le combat spirituel.

Étude approfondie

1. Comment Jésus a utilisé la Parole dans le désert

Dans **Matthieu 4:1-11**, Jésus a répondu à chaque tentation de Satan par la phrase : « Il est écrit... »

- Tentation de changer les pierres en pain : Il cite **Deutéronome 8:3**.

- Tentation de mettre Dieu à l'épreuve : Il cite **Deutéronome 6:16**.

- Tentation d'adorer Satan : Il cite **Deutéronome 6:13**.

- **Perspective pratique :** Jésus n›a pas discuté avec le diable ; Il a cité la Parole. Cela nous enseigne que l›Écriture est notre autorité ultime et notre première ligne de défense.

2. Mémoriser et méditer les Écritures

Mémoriser les Écritures nous équipe pour répondre immédiatement à
l'attaque spirituelle. La méditation aide la Parole à passer de notre esprit à
notre cœur.

- **Psaume 119:11** — « Je serre ta parole dans mon cœur, afin de
  ne pas pécher contre toi. »

- **Josué 1:8** — « Médite-la jour et nuit... alors tu prospéreras et tu
  réussiras. »

Conseils pour mémoriser :

- Écrivez des versets sur des fiches.

- Répétez-les pendant des marches de prière.

- Partagez-les avec d'autres pour renforcer la mémorisation.

Conseils pour méditer :

- Choisissez un verset et réfléchissez à chaque mot ou phrase.

- Demandez à Dieu de vous révéler comment il s'applique à votre
  situation actuelle.

3. Proclamer la Parole avec foi

Déclarer les Écritures fortifie votre foi et active votre autorité spirituelle.

- **Romains 10:17** — « Ainsi la foi vient de ce qu›on entend, et ce
  qu›on entend vient de la parole de Christ. »

- **Proverbes 18:21** — « La mort et la vie sont au pouvoir de la
  langue. »

Perspective pratique :

- Commencez votre journée en déclarant des Écritures clés sur votre vie.

- Proclamez les promesses de Dieu pendant les défis, au lieu des peurs ou des doutes.

- Créez une liste de « confessions de foi » et dites-la à haute voix chaque jour.

Questions de réflexion

- Combien de temps passez-vous à lire ou écouter la Parole de Dieu?

- Quel verset vous a encouragé ou fortifié récemment ?

- Comment pouvez-vous utiliser les Écritures quand vous vous sentez tenté, effrayé ou découragé ?

....

....

....

....

- Quelle vérité biblique devez-vous saisir plus fermement aujourd'hui ?

....

....

....

....

- Comment pouvez-vous « proclamer » la Parole comme Jésus l'a fait pour vaincre les combats spirituels ?

....

....

....

....

● Que pouvez-vous faire quotidiennement pour garder la Parole de
Dieu active et vivante dans votre cœur ?

....

....

....

....

● Quel domaine de votre vie a besoin d'être renouvelé par la vérité
de Dieu en ce moment ?

....

....

....

....

Exercices

1. **Déclaration de prière :** Identifiez un domaine où vous
   vous sentez impuissant et écrivez une prière de déclaration
   basée sur les Écritures.

2. **Exercice de lier et délier :** Pratiquez une prière de « lier et délier » pour un besoin spirituel spécifique.

3. **Journal d›exemple :** Tenez un journal sur la façon dont Jésus

a utilisé son autorité et comment vous pouvez suivre son exemple dans votre vie.

Questions de discussion (en groupe)

- Pourquoi l'autorité spirituelle est-elle souvent inutilisée par les croyants ?

- Quelle est la différence entre l'audace et l'arrogance ?

- Comment utilisez-vous actuellement la Parole de Dieu dans votre vie quotidienne ?

- Quels versets pouvez-vous vous engager à mémoriser cette semaine pour bâtir votre défense ?

Guide de prière

- **Prière d'audace :**
  « Jésus, aide-moi à marcher avec assurance dans l'autorité que Tu m'as donnée. »

- **Prière de discernement :**
  « Saint-Esprit, enseigne-moi quand tenir ferme et quand me retirer. »

- **Prière pour la Parole :**
  « Père, que Ta Parole soit une lampe à mes pieds. Rends-la vivante en moi, qu'elle transforme mes pensées et soit une épée dans ma bouche contre l'ennemi. »

Thèmes abordés dans ce chapitre

- La Parole comme vivante et active (Jean 1:1 ; Hébreux 4:12).

- Le rôle de la Parole dans le combat spirituel.

- Comment la Parole renouvelle l'intelligence et transforme la pensée (Romains 12:2).

- L'Écriture comme inspirée de Dieu et suffisante pour enseigner, corriger et instruire (2 Timothée 3:16-17).

- L'exemple de Jésus résistant à la tentation par les Écritures (Matthieu 4:1-11).

- Proclamer la Parole vs seulement la connaître : pourquoi la déclaration est importante.

- Garder la Parole dans le cœur par la méditation et la mémorisation (Psaume 119:11).

- La Parole comme arme (Épée de l'Esprit) contre les mensonges, la peur et la tentation.

- Méthodes pratiques pour étudier, appliquer et proclamer les Écritures quotidiennement.

- Bâtir un « arsenal spirituel » de versets clés pour les batailles de la vie.

CHAPITRE 7 :
LA PRIÈRE ET LE JEUNE DANS LE COMBAT SPIRITUEL

Verset clé

- **Matthieu 17:21 (LSG)** — *« Mais cette sorte de démon ne sort que par la prière et par le jeûne. »*

Aperçu du sujet

La prière et le jeûne sont deux des outils spirituels les plus puissants dans l'arsenal du croyant. En combinant prière et jeûne, nous nous alignons sur la volonté de Dieu, nous affaiblissons l'influence de la chair et nous renforçons notre discernement et notre autorité spirituels. La prière nous connecte à la puissance de Dieu, tandis que le jeûne aiguise notre concentration et cultive l'humilité. Ensemble, ils libèrent des percées spirituelles et habilitent les croyants à surmonter les défis.

Étude approfondie

1. Pourquoi prier et jeûner ?

- Pour rechercher la présence et la direction de Dieu (Jérémie 29:13 ; Actes 13:2-3).

- Pour nous humilier devant le Seigneur (Esdras 8:21).

- Pour briser des forteresses et recevoir la délivrance (Ésaïe 58:6).

- Pour obtenir de la clarté et de la force spirituelles (Marc 9:29).

La prière est la communication avec Dieu ; le jeûne est la consécration à Dieu. Ensemble, ils créent un environnement spirituel pour la percée.

- **Perspective pratique :** Établissez des temps réguliers de prière et envisagez de réserver des jours de jeûne pour vous rapprocher de Dieu et recevoir des percées spécifiques.

2. Exemples bibliques

- **Moïse** a jeûné quarante jours avant de recevoir la Loi (Exode 34:28).

- **Esther** a appelé à un jeûne pour intercéder pour son peuple (Esther 4:16).

- **Jésus** a jeûné avant son ministère public (Matthieu 4:2).

- **Daniel** a jeûné pour obtenir de la compréhension et une percée (Daniel 10:2-3).

- **L'Église primitive** jeûnait avant de nommer des responsables (Actes 13:2-3).

Chaque exemple souligne comment le jeûne et la prière ont ouvert la voie à la direction, la protection et la puissance divines.

Trois témoignages personnels

1. Clarté dans une décision majeure

« Pendant un jeûne de trois jours, j'ai reçu de la clarté concernant une décision de vie majeure qui me tourmentait depuis des mois. Dieu a confirmé Sa direction par l'Écriture et la paix. » — Anonyme

- Pendant des semaines, ce croyant était tiraillé entre deux opportunités de carrière. Les deux semblaient bonnes, mais la confusion obscurcissait son cœur. Pendant un jeûne concentré de trois jours, les distractions se sont estompées et la Parole de Dieu s'est mise à parler clairement.

- Un matin, en méditant sur **Proverbes 3:5-6** (« Confie-toi en l'Éternel de tout ton cœur... »), une paix profonde est venue.

- En quelques jours, des confirmations sont arrivées par un sermon et une conversation avec un mentor de confiance. La décision qui causait autrefois de l'anxiété apportait maintenant de la confiance, montrant comment la prière et le jeûne ouvrent les oreilles à la voix de Dieu.

2. Percée dans les relations familiales

« Après avoir jeûné pour une percée dans ma famille, mon fils, qui était distant, s'est soudainement ouvert et a demandé à revenir à l'église. » — Anonyme

- Ce parent portait un lourd fardeau : un fils qui s'était éloigné de la foi et devenu émotionnellement distant. Les conversations ordinaires semblaient se heurter à des murs de silence.

- Désespéré, le parent s'est engagé dans un jeûne de trois jours, demandant à Dieu d'adoucir le cœur de son fils. Le deuxième soir, pendant la prière, le parent a ressenti une forte impression : *« N'abandonne pas — l'amour couvre une multitude de péchés. »*

- La semaine suivante, le fils s'est assis de manière inattendue et a partagé ses luttes. Il a admis se sentir perdu et a demandé s'il pouvait à nouveau assister à l'église. Ce jeûne est devenu la porte vers la réconciliation et le premier pas de son retour à Christ.

3. Libération de la peur et de l'anxiété

« Grâce à une prière et un jeûne constants, j'ai expérimenté la libération d'une peur et d'une anxiété qui m'avaient étreint pendant des années. » — Dr. R. Bonhomme

- Pendant des années, l'anxiété avait été un ennemi invisible, produisant des nuits blanches, des pensées effrénées et une peur paralysante. Même des tâches simples semblaient souvent écrasantes.

- Au lieu de céder au désespoir, le jeûne a été ajouté à la prière quotidienne. Des jours à mettre de côté les repas pour méditer des Écritures comme **Philippiens 4:6-7** (« Ne vous inquiétez de rien... ») et **Psaume 27:1** (« L'Éternel est ma lumière et mon salut : de qui aurais-je peur ? ») ont apporté un changement graduel.

- La percée n'est pas arrivée du jour au lendemain — mais avec le temps, un calme surnaturel a remplacé la peur. Le poids qui pesait autrefois a été soulevé. Ce témoignage révèle que la prière et le jeûne brisent non seulement les chaînes extérieures, mais guérissent aussi les batailles intérieures du cœur et de l'esprit.

- **Perspective pratique :** Tenez un journal de vos objectifs de prière et de jeûne, des lumières reçues et des prières exaucées. Cela bâtit la foi et aide à suivre la croissance spirituelle.

Questions de réflexion

- Quelle percée recherchez-vous actuellement ?

....

....

....

....

- Comment pouvez-vous vous engager dans la prière et le jeûne pour vous rapprocher de Dieu et recevoir Sa sagesse et Sa puissance ?

....

....

....

- Planifiez un temps de prière ou de jeûne concentré cette semaine. Qu'attendez-vous de la part de Dieu ?

....

....

....

....

....

Exercices

1. **Planifier un jeûne :** Choisissez une méthode de jeûne (complet, partiel, jeûne de Daniel, etc.) et engagez-vous pour un à trois jours. Écrivez votre objectif et vos points de prière.

2. **Journal de prière :** Notez ce que le Saint-Esprit révèle chaque jour de votre jeûne.

3. **Réflexion scripturaire :** Méditez sur **Ésaïe 58** et réfléchissez au type de jeûne qui plaît à Dieu.

Questions de discussion (en groupe)

- Comment le jeûne a-t-il impacté votre vie spirituelle dans le passé ?

- Pourquoi pensez-vous que la prière devient plus puissante lorsqu'elle est combinée au jeûne ?

- Comment pouvez-vous incorporer régulièrement le jeûne dans votre marche avec Dieu ?

Guide de prière

- **Prière de consécration et de percée spirituelle :**
  *« Père céleste, alors que je m'humilie par le jeûne et la prière,
  rapproche-moi de Toi. Aligne mon cœur sur Ta volonté, brise toute
  forteresse et libère Ta puissance dans ma vie. Au nom de Jésus,
  Amen. »*

Thèmes abordés dans ce chapitre

- Le fondement biblique de la prière et du jeûne (Matthieu 6:16-18 ;
  Actes 13:2-3).

- Pourquoi le jeûne intensifie la prière et aiguise la sensibilité
  spirituelle.

- Comment la prière et le jeûne brisent les forteresses spirituelles
  (Ésaïe 58:6).

- Jésus comme modèle : jeûnant avant de commencer Son ministère
  (Matthieu 4:1-11).

- Exemples de l'Ancien Testament de percée par le jeûne (Esther
  4:16 ; Daniel 9:3).

- Jeûne personnel et corporatif : quand les individus et les églises
  jeûnent ensemble.

- Le rôle du jeûne dans le discernement, la direction et la prise de
  décision.

- Le jeûne comme outil d'humilité, de soumission et de dépendance à
  Dieu.

- Surmonter l'oppression spirituelle, la peur et la tentation par le
  jeûne.

- Façons pratiques de se préparer et de pratiquer la prière et le jeûne en toute sécurité.

- Témoignages modernes de percée par la prière et le jeûne.

- Intégrer la prière et le jeûne dans un style de vie, pas seulement comme un événement ponctuel.

CHAPITRE 8 :
LE RÔLE DE L'ADORATION

Versets clés

- **2 Chroniques 20:22 (LSG)** — *« Au moment où l'on commençait les chants et les louanges, l'Éternel plaça une embuscade contre les fils d'Ammon et de Moab et ceux de la montagne de Séir, qui étaient venus contre Juda. Et ils furent battus. »*

- **2 Chroniques 20** — *L'équipe de louange de Josaphat a conduit l'armée à la victoire.*

Aperçu du sujet

L'adoration change l'atmosphère et invite la présence de Dieu dans la bataille. L'adoration est plus qu'une musique ; c'est une arme puissante dans le combat spirituel. Lorsque nous louons Dieu face à l'adversité, nous proclamons Sa grandeur au-dessus de nos circonstances. L'adoration invite la présence de Dieu, déconcerte l'ennemi et fortifie notre esprit.

Étude approfondie

1. L'adoration comme combat

L'adoration aligne nos cœurs avec le ciel et invite la présence de Dieu dans nos batailles. Elle nous rappelle qui est Dieu et qui nous sommes en Lui.

- **Psaume 22:3 (LSG)** — « Mais tu es saint, Toi qui habites au milieu des louanges d'Israël. »

- **Actes 16:25-26** — Paul et Silas ont adoré en prison, et Dieu a libéré un miracle.

- **Perspective pratique :** Lorsque vous êtes attaqué, adorez comme un acte de défi contre la peur et le découragement. L'adoration change l'atmosphère spirituelle.

2. La louange dans la tempête

Louer Dieu au milieu des épreuves démontre la confiance et libère l'intervention divine. L'armée du roi Josaphat a adoré avant la bataille, et Dieu a combattu pour eux.

- **Habacuc 3:17-18** — « Quand le figuier ne fleurira pas... moi, je veux me réjouir en l'Éternel. »

- **Job 1:20-21** — Après une grande perte, Job a adoré.

- **Perspective pratique :** Prenez l'habitude d'adorer Dieu avant de voir la victoire. La louange est une déclaration de foi.

3. La puissance de la musique et des déclarations

La musique émeut l'esprit et aide à engager le cœur. Les déclarations faites à travers des chants ou des paroles portent une autorité spirituelle.

- **1 Samuel 16:23** — La musique de David chassait les esprits tourmenteurs.

- **Psaume 149:6-9** — « Que les louanges de Dieu soient dans leur bouche... Pour lier leurs rois avec des chaînes. »

- **Perspective pratique :**

  - Créez une playlist de chants d'adoration oints.

  - Chantez les Écritures à haute voix.

  - Déclarez les promesses de Dieu quotidiennement pour stimuler votre foi.

Questions de réflexion

- Quel rôle l'adoration joue-t-elle actuellement dans votre vie spirituelle ?

....

....

....

....

- Comment pouvez-vous utiliser la louange comme une partie régulière de votre stratégie de combat ?

....

....

....

....

- Faites de l'adoration une partie de votre plan de bataille.

....

....

....

....

- Chantez ou jouez un chant d'adoration et invitez la présence de Dieu.

- La louange est un acte de défi contre la peur, le doute et le désespoir.

- L'adoration réaligne notre perspective sur la grandeur de Dieu, non sur nos problèmes.

* La louange se concentre sur qui est Dieu plutôt que sur ce que nous ressentons.

....

....

....

....

....

Exercices

1. **Plan de bataille par l'adoration :** Créez un plan d'adoration de trois jours où vous commencez intentionnellement chaque journée par quinze minutes de louange.

2. **Écrire une déclaration :** Rédigez une déclaration personnelle de louange utilisant les Écritures, déclarant qui est Dieu dans votre situation.

3. **Témoigner par un chant :** Choisissez un chant d'adoration et écrivez comment il se connecte à votre combat spirituel.

Questions de discussion (en groupe)

* Comment l'adoration a-t-elle changé votre environnement spirituel pendant une tempête ?

* Pourquoi la louange affecte-t-elle l'atmosphère autour de nous ?

* Quel rôle la musique joue-t-elle dans votre vie spirituelle personnelle ?

* Comment l'adoration affecte-t-elle vos combats spirituels ?

- Avez-vous déjà vécu une percée venue par l'adoration ? Si oui, pouvez-vous la partager ?

Guide de prière

- **Prière de louange et de soumission :**
  « Père, je Te loue non seulement dans les bons moments, mais même au milieu de la tempête. Que mon adoration soit une arme. Que la louange s'élève dans mon esprit et change l'atmosphère. Je Te fais confiance et je T'exalte au-dessus de tout ennemi. Au nom de Jésus, Amen. »

- **Prière d'adoration et de combat spirituel :**
  « Seigneur, que mon adoration soit un parfum doux qui défait l'ennemi et invite Ta puissance. Remplis mon cœur de Ta joie et de Ta paix au milieu de la bataille. »

Thèmes abordés dans ce chapitre

- L'adoration comme combat

- La louange dans la tempête

- La puissance de la musique et des déclarations

CHAPITRE 9 :
LE NOM ET LE SANG DE JÉSUS

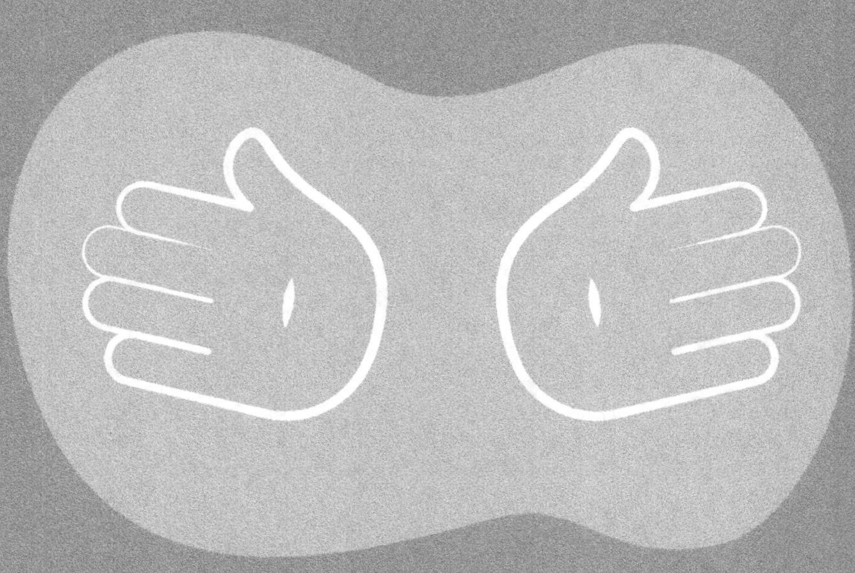

Versets clés

- **Philippiens 2:10 (LSG)** — « ...afin qu›au nom de Jésus tout genou fléchisse dans les cieux, sur la terre et sous la terre. »

- **Apocalypse 12:11 (LSG)** — « Ils l›ont vaincu à cause du sang de l›agneau et à cause de la parole de leur témoignage. »

Aperçu du sujet

Le nom et le sang de Jésus détiennent une immense puissance pour briser toute chaîne et dissiper les ténèbres. La victoire de Jésus sur le péché, la mort et le diable est absolue et complète. En tant que croyants, nous triomphons en comprenant l'autorité du nom de Jésus, en appliquant la puissance de son sang et en embrassant la réalité de son œuvre achevée à la croix. Le nom de Jésus porte l'autorité, commandant le respect et l'obéissance, tandis que son sang couvre, protège et rachète, offrant le pardon et la purification. En nous appuyant fidèlement sur ces réalités spirituelles, nous pouvons marcher dans la victoire, surmonter les défis et vivre une vie qui reflète le triomphe de Christ.

Étude approfondie

1. L'autorité du nom de Jésus

Le nom de Jésus porte une autorité absolue dans les cieux et sur la terre. Quand les croyants prononcent son nom avec foi, il représente sa présence, sa puissance et sa victoire.

- **Actes 3:6** — Pierre guérit le boiteux « au nom de Jésus-Christ de Nazareth ».

- **Jean 14:13-14** — « Tout ce que vous demanderez en mon nom, je le ferai... »

- **Perspective pratique :**

  - Face aux ténèbres, parlez avec hardiesse au nom de Jésus.

- Priez avec autorité. « *Au nom de Jésus, j'ordonne à la peur de partir.* »

---

2. Invoquer le sang de Jésus

Le sang de Jésus est une arme spirituelle puissante. Il représente la rédemption, le pardon et la protection. Invoquer le sang, c'est déclarer le pouvoir couvrant et purificateur de Christ sur les situations.

- **Exode 12:13** — Le sang sur les poteaux fit que le destructeur passa par-dessus.

- **Hébreux 9:14** — Le sang de Christ purifie notre conscience.

- **Perspective pratique :**

  - Invoquez le sang dans la prière sur votre foyer, votre famille et votre esprit.

  - Dites à haute voix : « *J'invoque le sang de Jésus sur mes pensées, mes enfants et mon avenir.* »

---

3. Appliquer son œuvre achevée dans les combats spirituels

Jésus a déclaré : « Tout est accompli » sur la croix (Jean 19:30), signifiant que toute dette était payée et toute victoire assurée. Nous ne combattons pas *pour* la victoire, mais *à partir* de la victoire.

- **Colossiens 2:15** — Jésus a dépouillé les dominations et les autorités.

- **Romains 8:37** — « Nous sommes plus que vainqueurs par celui qui nous a aimés. »

Questions de réflexion

- Marchez-vous dans toute l'autorité que Jésus vous a donnée ?
  Comment pouvez-vous utiliser son nom, son sang et son œuvre
  achevée dans vos combats spirituels quotidiens ?

- Comment pouvez-vous déclarer le nom de Jésus sur votre situation
  aujourd'hui ?

- De quelles manières le nom de Jésus porte-t-il le poids de l'autorité
  du ciel dans votre vie ?

- Comment comprenez-vous la vérité que le sang de Jésus n'est pas une formule magique mais une réalité spirituelle que nous embrassons par la foi ?

....

....

....

....

....

Exercices

1. **Déclarer le Nom :** Faites une liste de situations dans votre vie et priez avec hardiesse pour chacune au nom de Jésus.

2. **Exercice de couverture par le sang :** Invoquez le sang de Jésus sur votre foyer, votre famille et votre esprit chaque matin pendant sept jours.

3. **Marche de la victoire :** Écrivez une déclaration qui affirme votre identité et votre autorité en Christ, basée sur son œuvre achevée.

Questions de discussion (en groupe)

- Pourquoi le nom de Jésus est-il plus qu'un simple mot ? Que représente-t-il ?

- Comment « invoquons-nous » pratiquement le sang sur des domaines de notre vie ?

- Que signifie vivre à partir de l'œuvre achevée de Christ au lieu de lutter par notre propre force ?

Guide de prière

Prière de protection et de couverture :

« Seigneur Jésus, j'honore Ton nom puissant. J'invoque Ton sang sur ma vie — mon esprit, mon foyer et tout ce que Tu m'as confié. Merci car Ton œuvre est accomplie et que Ta victoire est la mienne. Aide-moi à marcher avec hardiesse dans cette autorité, apportant la gloire à Ton nom. Amen. »

Thèmes abordés dans ce chapitre

- L'exaltation du nom de Jésus au-dessus de tout nom (Philippiens 2:9-10).

- L'autorité dans le combat spirituel par le nom de Jésus (Luc 10:17 ; Actes 3:6).

- Le sang de Jésus comme fondement de la rédemption et de la purification (Hébreux 9:14 ; 1 Jean 1:7).

- Le pouvoir protecteur du sang, faisant écho à la Pâque (Exode 12:13).

- Réduire au silence les accusations de l'ennemi par le sang de l'Agneau (Apocalypse 12:11).

- Déclarer l'œuvre accomplie de Christ dans la vie et les combats quotidiens.

- Comment « invoquer le sang » de manière biblique et efficace.

- Surmonter la peur, la culpabilité et l'oppression par le nom et le sang de Jésus.

- Le lien entre témoignage, déclaration et victoire.

- Prières et déclarations pratiques pour le combat, la protection et la percée.

- Vivre un style de vie de confiance dans la victoire de Christ.

CHAPITRE 10 : RECONNAÎTRE L'INFLUENCE DÉMONIAQUE

Versets clés

- **2 Corinthiens 10:4 (LSG)** — *« Car les armes avec lesquelles nous combattons ne sont pas charnelles ; mais elles sont puissantes, par la vertu de Dieu, pour renverser des forteresses. »*

- **Éphésiens 6:12 (LSG)** — *« Car nous n›avons pas à lutter contre la chair et le sang, mais contre les dominations, contre les autorités, contre les princes de ce monde de ténèbres, contre les esprits méchants dans les lieux célestes. »*

- **2 Corinthiens 2:11 (LSG)** — *« ...afin de ne pas laisser à Satan l›avantage sur nous, car nous n›ignorons pas ses desseins. »*

Aperçu du sujet

Nous devons être vigilants face à l'influence de l'ennemi, mais non craintifs. Le discernement est essentiel. Comprendre comment l'ennemi opère nous aide à discerner et à vaincre ses tactiques. Tous les défis ne sont pas d'origine démoniaque, mais de nombreux combats spirituels sont intensifiés par une opposition invisible. Reconnaître les signes et les racines de l'oppression et des forteresses démoniaques est crucial dans le combat spirituel.

Étude approfondie

1. Signes d'oppression démoniaque

L'oppression démoniaque fait référence à une pression ou un harcèlement externe de la part d'esprits démoniaques. Cela ne signifie pas qu'une personne est possédée, mais qu'elle est sous influence.

Signes courants

- Peur, dépression ou désespoir incessants

- Comportement pécheur ou addictions récurrents malgré la repentance

- Entendre des pensées accusatrices, condamnantes ou blasphématoires

- Confusion constante ou difficulté à se concentrer sur les choses spirituelles

- Maladie inexpliquée ou fatigue chronique sans cause médicale

Exemple : Une femme ressent une anxiété intense uniquement lorsqu›elle essaie d›aller à l›église ou de prier. Après la prière et un ministère de délivrance, la peur disparaît, révélant une oppression démoniaque ciblant sa vie spirituelle.

---

2. Forteresses spirituelles et asservissement

Une forteresse est un état d'esprit ou un système de croyances qui s'oppose à la vérité de Dieu et donne à l'ennemi un point d'appui.

Racines des forteresses

- Traumatisme ou abus

- Mensonges crus sur soi-même ou sur Dieu

- Péché répétitif ou malédictions générationnelles

Exemple biblique

- Les Israélites craignaient les géants en Canaan malgré les promesses de Dieu (Nombres 13:33). Leur peur est devenue une forteresse mentale qui a retardé leur victoire.

Perspective pratique

- Identifiez les mensonges que vous croyez (ex. : « Je ne changerai jamais ») et remplacez-les par la vérité (ex. : « Je suis une nouvelle création » (2 Corinthiens 5:17)).

- Déclarez chaque jour la vérité de Dieu sur vos pensées.

- Entourez-vous de croyants spirituellement ancrés qui peuvent vous aider à discerner et à tenir ferme.

---

3. Influence sur les pensées, les émotions et le comportement

L'ennemi cible souvent l'esprit en premier, y plantant des mensonges, des doutes ou des tentations. Lorsque ceux-ci prennent racine, ils peuvent influencer les émotions et conduire à des comportements destructeurs.

Progression de l'influence

1. **Pensée :** *« Dieu n›entend pas mes prières. »*

2. **Émotion :** Désespoir ou amertume

3. **Comportement :** Retrait de la prière et de la communion fraternelle

Romains 12:2 nous appelle à être transformés par le renouvellement de l›intelligence avec la Parole de Dieu.

Versets clés à mémoriser

- 2 Corinthiens 10:4-5

- Éphésiens 6:12

- Romains 12:2

- Jean 8:32

Questions de réflexion

- Avez-vous remarqué des schémas d'attaque spirituelle dans vos pensées ou vos émotions ?

....

....

....

- Quels mensonges pourraient être à la racine de forteresses dans votre vie ?

....

....

....

- Comment pouvez-vous demander au Saint-Esprit de révéler les domaines de votre vie où les ténèbres pourraient se cacher ?

....

....

....

- Pourquoi est-il important de reconnaître ce que nous ne pouvons pas combattre, et en quoi la prise de conscience apporte-t-elle la lumière de la vérité de Dieu ?

....

....

....

....

- Comment la vérité que Jésus est venu pour détruire les œuvres du diable (1 Jean 3:8) s'applique-t-elle à la libération des opprimés aujourd'hui ?

....

....

....

....

- De quelles manières le Saint-Esprit révèle-t-il doucement ce que l'ennemi essaie de garder caché dans votre vie ?

....

....

....

....

Exercices

1. **Auto-évaluation :** Identifiez les schémas émotionnels ou les cycles de comportement qui pourraient être liés à l›oppression ou à des forteresses.

2. **Échange de vérité :** Écrivez un mensonge que vous avez cru et remplacez-le par une vérité basée sur les Écritures.

3. **Journal de la liberté :** Tenez un journal pendant sept jours où vous demandez au Saint-Esprit de vous montrer les domaines où la liberté est nécessaire.

Questions de discussion (en groupe)

- Quels sont certains signes avant-coureurs d'influence démoniaque dans la vie d'un croyant ?

- Comment pouvons-nous faire la différence entre des luttes naturelles et l'oppression spirituelle ?

- Pourquoi le renouvellement de l'intelligence est-il critique pour briser les forteresses ?

Guide de prière

Prière de délivrance et de discernement :

« Père céleste, ouvre mes yeux à tout domaine où j'ai permis l'accès à l'ennemi. Révèle chaque forteresse et remplace-la par Ta vérité. Je reçois Ta liberté par Jésus-Christ et je déclare qu'aucune arme forgée contre moi ne prospérera. Au nom de Jésus, Amen. »

Thèmes abordés dans ce chapitre

- Signes d'oppression démoniaque

- Forteresses spirituelles et asservissement

- Influence sur les pensées, les émotions et le comportement

CHAPITRE 11 :
PRINCIPES DE DÉLIVRANCE

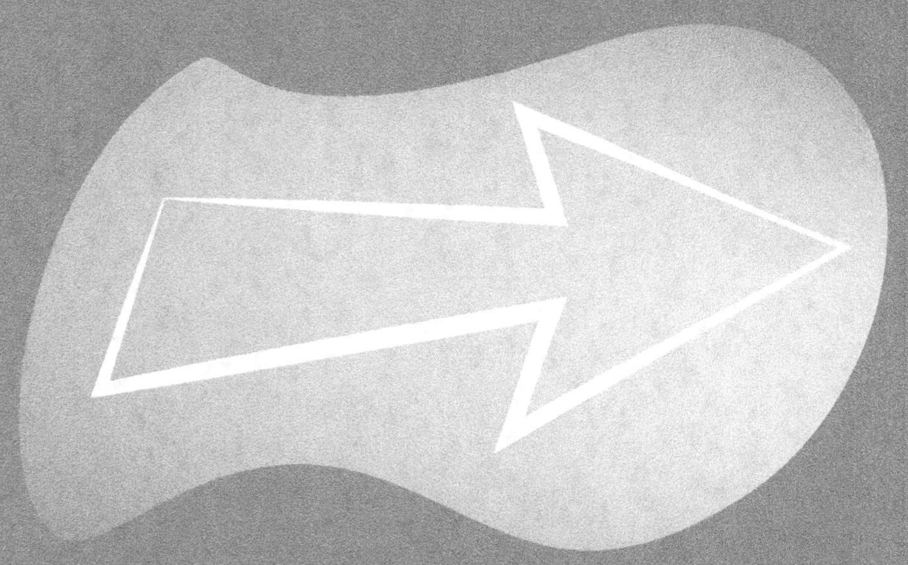

Versets clés

- **Luc 4:18 (LSG)** — « L›Esprit du Seigneur est sur moi, parce qu›il m›a oint pour annoncer une bonne nouvelle aux pauvres ; il m›a envoyé pour guérir ceux qui ont le cœur brisé, pour proclamer aux captifs la délivrance... »

- **Marc 16:17 (LSG)** — « Voici les miracles qui accompagneront ceux qui auront cru : en mon nom, ils chasseront les démons... »

Aperçu du sujet

La délivrance est un ministère d'amour, de liberté, de compassion et de restauration. Il s'agit de libérer les captifs par l'autorité de Jésus. C'est le processus par lequel les individus sont libérés de l'oppression, de l'asservissement ou de l'influence démoniaque. Jésus chassait régulièrement les démons et a donné à son Église l'autorité de faire de même. Ce chapitre explore des exemples bibliques, les signes qu'une personne peut avoir besoin de délivrance, les idées fausses courantes et comment aborder la délivrance de manière sûre et centrée sur Christ.

Étude approfondie

1. Exemples bibliques de délivrance

- **Marc 5:1-20** — L›homme possédé d›une légion de démons dans la région des Gadaréniens. Après que Jésus eut chassé les démons, l›homme fut trouvé habillé et dans son bon sens.

- **Luc 13:10-17** — Une femme courbée depuis dix-huit ans, décrite comme « liée par Satan », fut délivrée par Jésus dans une synagogue.

- **Actes 16:16-18** — Paul chassa un esprit de divination d›une jeune esclave qui était exploitée.

- **Perspective pratique :** La délivrance était une partie normale du ministère de Jésus et a continué dans l›Église primitive. Nous devons la restaurer aujourd'hui comme un ministère de compassion et de discernement.

2. Signes qu'une personne peut avoir besoin de délivrance

La délivrance n'est pas réservée aux personnes possédées, mais aussi aux opprimés. Quelques signes incluent :

- Pensées tourmentantes persistantes (surtout suicidaires ou violentes)

- Pulsions incontrôlables, surtout liées au péché (ex. : immoralité sexuelle, rage, abus de substances)

- Réactions corporelles inhabituelles pendant la prière (cris, convulsions, etc.)

- Haine envers Dieu, la Bible ou l'adoration sans explication

- Schémas générationnels de destruction ou d'implication occulte

- **Exemple :** Un homme luttant contre la pornographie pendant des années avait suivi des conseils et des prières, mais rien ne changeait. Pendant une séance de délivrance, un esprit de convoitise fut discerné et chassé, menant à une liberté nouvelle.

3. Idées fausses sur la délivrance

- **Mythe :** Seuls les non-chrétiens peuvent avoir des démons.

  - **Vérité :** Bien que les chrétiens ne puissent être possédés (appartenir au diable), ils peuvent être opprimés ou influencés dans leur esprit, leur corps ou leurs émotions.

- **Mythe :** La délivrance est dramatique ou effrayante.

  - **Vérité :** Certaines délivrances sont paisibles et

silencieuses. D›autres peuvent être intenses, mais ne doivent pas être craintes.

- **Mythe :** La délivrance est une solution unique et définitive.

    - **Vérité :** La délivrance peut être instantanée ou progressive. Maintenir la liberté nécessite des disciples, un renouvellement de l›intelligence et de rester en communauté.

---

4. Étapes de base pour administrer ou recevoir la délivrance

Confession et Repentance — Reconnaître tout péché, manque de pardon ou implication occulte.

    - **1 Jean 1:9** — « Si nous confessons nos péchés, il est fidèle et juste pour nous les pardonner... »

Renoncement — Rejeter verbalement les mensonges, les péchés ou les liens occultes.

    - *Exemple : « Je renonce à tout accord que j'ai fait avec la peur, la convoitise, la sorcellerie, etc. »*

Ordonner aux esprits de partir — Au nom de Jésus, non par votre propre puissance.

    - *Exemple : « Au nom de Jésus, j'ordonne à tout esprit impur de me quitter maintenant. »*

Remplir l'espace vide — Demander au Saint-Esprit de remplir chaque zone et d›inviter la vérité de Dieu à y habiter.

    - **Matthieu 12:43-45** met en garde contre les esprits impurs qui retournent dans une maison vide.

Suivi et Discipulat — Connecter la personne à un soin pastoral, à l›étude biblique et à une reddition de comptes.

- **Perspective pratique :** La délivrance doit toujours être centrée sur Christ, dirigée par l›Esprit et enracinée dans l›amour — non dans la peur ou l›orgueil.

Questions de réflexion

- Avez-vous ou quelqu'un que vous connaissez montré des signes d'oppression démoniaque ?

....

....

....

....

....

- Quels domaines de votre vie pourraient avoir besoin de guérison et de liberté ?

....

....

....

....

- Êtes-vous ouvert à ce que le Saint-Esprit vous conduise dans une liberté plus profonde en Christ?

- Avez-vous ou quelqu'un que vous connaissez expérimenté un asservissement spirituel, et comment pouvez-vous demander à Dieu de vous guider vers la guérison et la liberté ?

- En quoi le fait de comprendre que la délivrance est un acte d'amour et de miséricorde, plutôt que de peur, change-t-il votre façon de l'aborder ?

- Pourquoi la liberté est-elle considérée comme un processus, et comment la délivrance à travers une rencontre se poursuit-elle par le discipulat ?

....

....

....

....

- De quelles manières la vérité que Jésus est venu détruire toute œuvre de l'ennemi montre-t-elle que votre liberté est Sa volonté ?

....

....

....

....

Exercices

1. **Réflexion sur la liberté :** Tenez un journal sur tout domaine où vous vous sentez lié ou tourmenté. Présentez cela devant Dieu.

2. **Étapes de libération :** Rédigez une prière de repentance et de renoncement adaptée à votre situation.

3. **Plan de liberté :** Créez un plan de suivi avec des Écritures, la communauté et des disciplines spirituelles.

Questions de discussion (en groupe)

- Quelles craintes ou mythes avez-vous entendus au sujet de la délivrance ?

- À quoi ressemble la délivrance biblique comparée aux représentations d›Hollywood ?

- Pourquoi est-il important de combiner la délivrance avec le discipulat et le soutien ?

Guide de prière

Prière de délivrance et de purification spirituelle :
« Jésus, Tu es venu pour me libérer. Je confesse tout péché, je renonce à tout accord avec les ténèbres et je reçois Ta délivrance. Remplis-moi de Ton Saint-Esprit. Garde mon esprit, mon corps et mon âme, et aide-moi à marcher dans la vérité chaque jour. Dans Ton nom puissant je prie, Amen. »

Thèmes abordés dans ce chapitre

- Exemples bibliques de délivrance

- Signes qu'une personne peut avoir besoin de délivrance

- Idées fausses sur la délivrance

- Étapes de base pour administrer ou recevoir la délivrance

CHAPITRE 12 :
MARCHER DANS LA LIBERTÉ

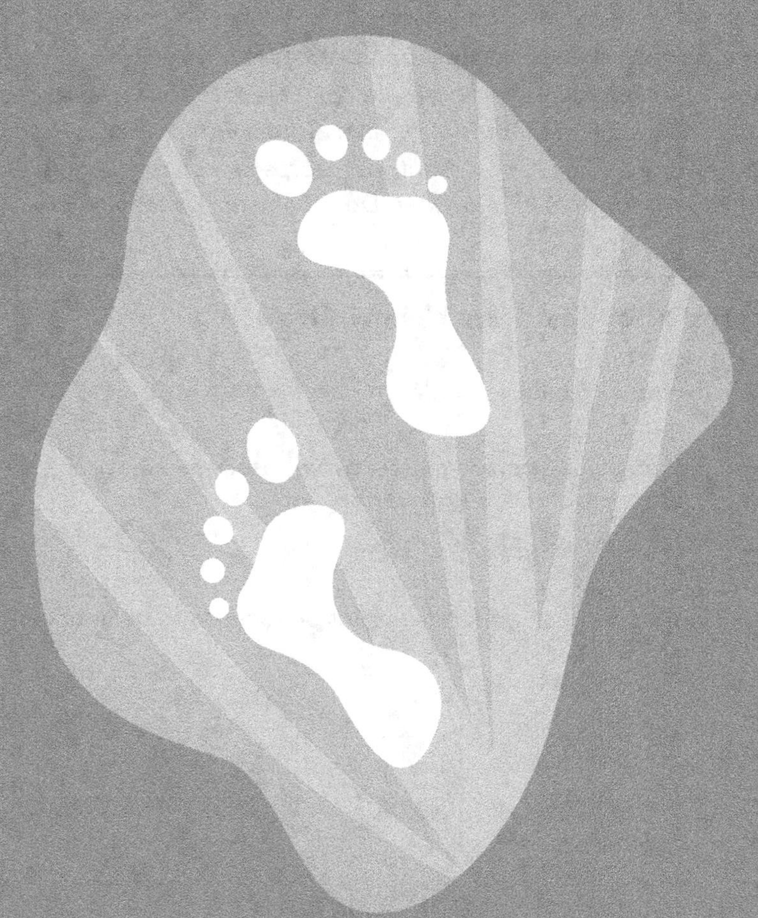

Versets clés

- **Galates 5:1 (LSG)** — « C›est pour la liberté que Christ nous a affranchis. Demeurez donc fermes, et ne vous laissez pas mettre de nouveau sous le joug de la servitude. »

- **Romains 12:2 (LSG)** — « Ne vous conformez pas au siècle présent, mais soyez transformés par le renouvellement de l›intelligence. »

Aperçu du sujet

La délivrance n'est pas une fin ; c'est le début d'un style de vie de liberté. Marcher dans la liberté signifie maintenir la victoire par des disciplines spirituelles quotidiennes. Préserver la liberté demande de l'intentionnalité. Dans ce chapitre, nous explorerons comment briser les cycles du péché et de la tentation, rester rempli du Saint-Esprit, renouveler l'intelligence et rester redevable au sein d'une communauté pieuse.

Étude approfondie

1. Briser les cycles du péché et de la tentation

Les cycles du péché ont souvent des racines spirituelles, émotionnelles et liées à l'habitude. Les briser nécessite d'identifier les déclencheurs, la repentance, la discipline spirituelle et de remplacer les mensonges par la vérité.

- **Exemple :** Un homme qui retournait sans cesse à l›alcool a réalisé que son schéma était lié au stress et à la solitude. Par la prière, le conseil et le remplacement de l›isolement par des amitiés pieuses, le cycle a été brisé.

- **Perspective pratique :**

    - Reconnaissez vos schémas et leurs déclencheurs.

    - Remplacez la tentation par une discipline spirituelle — prière, adoration, Écriture.

○ Utilisez des partenaires de reddition de comptes pour confesser et prier régulièrement (Jacques 5:16).

2. Vivre dans la plénitude du Saint-Esprit

La liberté doit être remplie de la présence de Dieu. Être rempli du Saint-Esprit vous rend capable de résister à la tentation et de vivre victorieusement.

- **Éphésiens 5:18** — « Soyez remplis de l›Esprit. »

- **Galates 5:16** — « Marchez selon l›Esprit, et vous n›accomplirez point les désirs de la chair. »

- **Perspective pratique :**

  ○ Demandez au Saint-Esprit de vous remplir chaque jour.

  ○ Pratiquez la prière d'écoute, parlez en langues (si c'est un don que vous avez) et abandonnez-vous à Lui.

3. Le renouvellement de l'intelligence

La liberté commence dans l'esprit. Ce que vous pensez façonne votre vie.

- **2 Corinthiens 10:5** — « Nous amenons toute pensée captive à l›obéissance de Christ. »

- **Exemple :** Une femme délivrée de la peur a commencé à déclarer chaque matin des Écritures comme **Psaume 27** et **Ésaïe 41:10**. Son état d'esprit a changé et la peur a perdu son emprise.

- **Perspective pratique :**

  ○ Méditez quotidiennement sur la vérité.

  ○ Notez dans un journal les mensonges que vous avez crus et écrivez la vérité de Dieu en réponse.

4. Responsabilité et communauté

L'isolement est un piège de l'ennemi. Dieu utilise la communauté pour nous protéger et nous faire grandir.

- **Hébreux 10:24-25** — « Veillons les uns sur les autres... n›abandonnons pas notre assemblée. »

- **Perspective pratique :**

    - Rejoignez un petit groupe ou une étude biblique.

    - Rencontrez régulièrement un croyant mature pour la prière et l'encouragement.

    - Soyez honnête concernant vos luttes dans des espaces sûrs.

Questions de réflexion

- Y a-t-il des cycles que vous devez briser avec l'aide du Saint-Esprit et de croyants de confiance ? Comment pouvez-vous renouveler activement votre intelligence et protéger votre liberté ?

....

....

....

....

....

....

● Quelles mesures pouvez-vous prendre pour préserver votre liberté
spirituelle cette semaine ?

....

....

....

....

● Comment l'abandon quotidien et des habitudes intentionnelles
peuvent-ils aider à maintenir votre liberté ?

....

....

....

....

● Pourquoi l'isolement est-il dangereux, et comment le fait de marcher
en communauté soutient-il la croissance spirituelle ?

....

....

....

....

- De quelles manières l'esprit est-il un champ de bataille, et comment le renouvellement peut-il servir à la fois de stratégie défensive et offensive ?

....

....

....

....

....

Exercices

1. **Journal de la tentation :** Identifiez les domaines où vous êtes le plus tenté. Notez les schémas et les victoires.

2. **Plan de renouvellement de l'intelligence :** Choisissez trois Écritures qui parlent à votre domaine de lutte et engagez-vous à les mémoriser.

3. **Vérification de reddition de comptes :** Contactez un croyant de confiance et invitez-le à des échanges réguliers pour l'encouragement et le soutien.

Questions de discussion (en groupe)

- Quelles mesures pratiques vous ont aidé à surmonter des schémas de péché ?

- Comment restez-vous rempli du Saint-Esprit dans la vie quotidienne ?

- Pourquoi la communauté est-elle essentielle pour la croissance spirituelle et la liberté ?

Guide de prière

Prière d'action de grâces et de croissance spirituelle :

« Seigneur, merci de m'avoir libéré. Aide-moi à marcher chaque jour dans cette liberté, sans retourner aux anciennes voies. Remplis-moi à nouveau de Ton Saint-Esprit, renouvelle mon intelligence par la vérité, et entoure-moi d'une communauté pieuse qui m'édifie. Je choisis de vivre comme une nouvelle création en Toi. Au nom de Jésus, Amen. »

Thèmes abordés dans ce chapitre

- Briser les cycles du péché et de la tentation

- Vivre dans la plénitude du Saint-Esprit

- Le renouvellement de l'intelligence

- Responsabilité et communauté

CHAPITRE 13 :
CULTIVER LE DISCERNEMENT

Versets clés

- **Hébreux 5:14 (LSG)** — *« Mais la nourriture solide est pour les hommes faits, pour ceux dont le jugement est exercé par l'usage à discerner ce qui est bien et ce qui est mal. »*

- **1 Jean 4:1 (LSG)** — *« Bien-aimés, n'ajoutez pas foi à tout esprit ; mais éprouvez les esprits, pour savoir s'ils sont de Dieu... »*

- **Jean 16:13 (LSG)** — *« Quand le consolateur sera venu, l'Esprit de vérité, il vous conduira dans toute la vérité. »*

Aperçu du sujet

Le discernement spirituel est essentiel pour reconnaître ce qui vient de Dieu, ce qui est de la chair et ce qui est de l'ennemi. Il aide les croyants à distinguer la vérité de l'erreur et à marcher avec sagesse dans un monde plein de tromperie. Le vrai discernement vient du Saint-Esprit et protège notre atmosphère spirituelle. Dans ce chapitre, nous explorerons comment marcher dans le discernement et non dans la suspicion ; compter sur la guidance du Saint-Esprit ; et protéger l'atmosphère spirituelle autour de nous.

Étude approfondie

1. Différence entre la suspicion et le discernement

La **suspicion** est enracinée dans la peur, le contrôle ou des blessures passées ; elle conduit à un jugement sans preuve. Le **discernement** est une perspicacité spirituelle donnée par le Saint-Esprit.

- **Exemple :** Une personne peut se sentir mal à l'aise en présence de quelqu'un et immédiatement supposer une mauvaise intention. C'est de la suspicion. Le discernement, en revanche, peut percevoir quelque chose de spirituellement malsain, conduisant à la prière ou à une enquête douce plutôt qu'à l'accusation.

- **Perspective pratique :**

- o   Demandez-vous : « *Ma réaction est-elle basée sur la peur ou guidée par l'Esprit ?* »

  - o   Le vrai discernement est toujours aligné sur l'amour et la vérité (1 Corinthiens 13).

---

2. Le rôle du Saint-Esprit

Le Saint-Esprit est la boussole interne du croyant. Il révèle la vérité, expose l'erreur et nous protège de la tromperie.

- **Jean 16:13** — L›Esprit guide dans toute la vérité.

- **1 Corinthiens 2:14** — Les réalités spirituelles sont discernées spirituellement.

- **Perspective pratique :**

  - o   Cultivez l'intimité avec le Saint-Esprit par la prière et l'adoration.

  - o   Fiez-vous au témoignage intérieur et à la paix (ou au manque de paix) qu'Il procure.

---

3. Sonder les esprits (1 Jean 4:1)

Toute activité surnaturelle ne vient pas de Dieu. Nous sommes appelés à éprouver les esprits.

Tests à appliquer

- **La doctrine de Christ :** Cet esprit confesse-t-il que Jésus est Seigneur et Messie ? (1 Jean 4:2-3)

- **Les fruits de l'Esprit :** Y a-t-il amour, paix, humilité, ou bien manipulation, peur et orgueil ?

- **L'alignement scripturaire :** Le message s›aligne-t-il avec la Parole de Dieu ?

- **Exemple :** Une prophétie peut sembler précise mais doit toujours être jugée à l›aide des Écritures et des fruits produits.

---

4. Protéger votre atmosphère spirituelle

L'environnement qui vous entoure affecte votre esprit. Gardez ce que vous autorisez dans votre foyer, votre intelligence et vos relations.

Conseils pratiques

- Évaluez les médias, la musique et les messages que vous consommez.

- Oignez votre foyer d'huile et déclarez-le comme une demeure pour Dieu.

- Gardez la musique d'adoration et la lecture des Écritures dans votre routine.

- **Exemple :** Une famille a remarqué une tension accrue et des cauchemars dans leur maison. Après avoir retiré des livres occultes et prié dans chaque pièce, la paix est revenue.

Questions de réflexion

- Grandissez-vous dans le discernement ou réagissez-vous par suspicion ?

....

....

....

- Comment pouvez-vous mieux garder votre foyer et votre cœur contre la tromperie spirituelle ?

....

....

....

....

- Comment le discernement peut-il être cultivé, et quel rôle l'intimité avec Dieu joue-t-elle dans sa croissance ?

....

....

....

....

- Pourquoi est-il important d'éprouver les expériences spirituelles, et comment la sagesse peut-elle aider à discerner si elles viennent de Dieu ?

....

....

....

....

* De quelles manières pouvez-vous garder votre atmosphère
  spirituelle avec vigilance et intentionnalité ?

....

....

....

....

....

Exercices

1. **Journal du discernement :** Réfléchissez à une décision
   passée — était-ce du discernement ou de la suspicion ?
   Quel en a été le fruit ?

2. **Pratique de l'épreuve des esprits :** Prenez un enseignement
   ou une influence spirituelle actuelle et éprouvez-le à la lumière des
   Écritures.

3. **Audit d'atmosphère :** Listez tout ce qui influence quotidiennement votre cœur (musique, médias, personnes). Demandez à Dieu
   ce qui doit rester ou partir.

Questions de discussion (en groupe)

* Comment faire la différence entre la suspicion humaine et le
  discernement spirituel ?

* Quel rôle les Écritures jouent-elles dans votre processus de
  discernement ?

* Comment cultivez-vous une atmosphère spirituellement saine dans
  votre foyer et votre cœur ?

Guide de prière

Prière pour le discernement et la guidance spirituelle :
« Saint-Esprit, je Te demande d'aiguiser mon discernement. Enseigne-moi à reconnaître ce qui vient de Toi et ce qui n'en vient pas. Aide-moi à marcher dans la vérité, à tout éprouver par Ta Parole, et à garder les portes spirituelles de mon cœur. Garde-moi sensible à Ta voix et enraciné dans la sagesse. Au nom de Jésus, Amen. »

Thèmes abordés dans ce chapitre

- Différence entre suspicion et discernement

- Le rôle du Saint-Esprit

- Sonder les esprits (1 Jean 4:1)

- Protéger votre atmosphère spirituelle

CHAPITRE 14 :
PROTÉGER VOTRE MAISON ET VOTRE FAMILLE

Versets clés

- **Josué 24:15 (LSG)** — « *Moi et ma maison, nous servirons l›Éternel.* »

- **Proverbes 24:3-4 (LSG)** — « *C›est par la sagesse qu›une maison s›élève, et par l›intelligence qu›elle s›affermit ; c›est par la science que les chambres se remplissent de tous les biens précieux et agréables.* »

Aperçu du sujet

Le foyer est destiné à être un sanctuaire de paix, de sécurité et de croissance spirituelle. En tant que responsables et intendants spirituels, nous devons protéger intentionnellement nos foyers et nos familles de tout compromis spirituel. Ce chapitre se concentre sur la création d'une atmosphère centrée sur Christ, l'identification des portes ouvertes à l'ennemi, et l'établissement de la prière et de l'adoration comme piliers dans le foyer.

Étude approfondie

1. La responsabilité spirituelle dans le foyer

Chaque croyant a un rôle à jouer pour façonner le ton spirituel du foyer. Que vous soyez parent, conjoint, frère et sœur ou adulte célibataire, votre engagement à honorer Dieu dans votre espace fait la différence.

- **Perspective pratique :**

  - Réservez du temps pour la prière et les moments de partage en famille.

  - Fixez des limites concernant ce qui est regardé, écouté et invité dans votre foyer.

- **Exemple :** Un couple qui a remarqué que leurs enfants faisaient des cauchemars a commencé à prier chaque soir en famille, à jouer de la musique d›adoration et à retirer les contenus sombres de la maison. La paix est revenue.

---

2. Identifier et fermer les portes d'accès spirituelles

L'ennemi cherche souvent des points d'entrée légaux dans les foyers : amertume, objets occultes, péché non repenti ou conflits relationnels.

Liste des portes ouvertes courantes

- Manque de pardon ou conflit persistant

- Implication dans l'occulte (ex. : horoscopes, sorcellerie, cristaux)

- Immoralité sexuelle ou abus de substances

- Musique, films ou jeux aux thèmes démoniaques

Étapes pour fermer ces portes

- Repentez-vous de toute implication ou accord avec les ténèbres.

- Retirez tout objet lié à un compromis spirituel.

- Priez et oignez chaque pièce de votre maison (Jacques 5:14).

---

3. Établir une culture d'adoration et de prière

La prière et l'adoration invitent la présence de Dieu et construisent une protection spirituelle.

Moyens pratiques de mise en œuvre

- Diffusez de la musique d'adoration quotidiennement.

- Désignez un espace de prière ou un autel familial.

- Déclarez des Écritures sur votre foyer (Psaume 91, Éphésiens 6).

- **Exemple :** Une veuve vivant seule tenait un journal de prière et oignait régulièrement sa maison. Elle a remarqué qu›un esprit de paix et de clarté demeurait malgré les épreuves extérieures.

---

4. Enseigner et incarner la foi aux enfants

Les enfants absorbent davantage ce que nous modelons que ce que nous disons. Élever des enfants spirituellement conscients signifie leur apprendre à prier, à discerner et à valoriser la Parole de Dieu.

- **Deutéronome 6:6-7 (LSG)** — « Et ces commandements... tu les inculqueras à tes enfants, et tu en parleras quand tu seras dans ta maison... »

- **Perspective pratique :**

  - Priez avec et pour vos enfants chaque jour.

  - Encouragez une conversation ouverte sur Dieu et les questions spirituelles.

  - Impliquez les enfants dans des actes d'adoration, de service et de lecture biblique.

Questions de réflexion

- Quelle sorte d'atmosphère spirituelle existe dans votre foyer ?

....

....

....

....

- Y a-t-il des domaines où le compromis s'est glissé ?

....

....

....

....

- Quelles mesures pouvez-vous prendre dès aujourd'hui pour garder
  et consacrer votre foyer au Seigneur ?

....

....

....

....

- Comment le fait de remplir votre maison de la présence de Dieu
  peut-il en faire un lieu de paix, de protection et de croissance ?

....

....

....

....

De quelles manières les choses qui entrent dans votre foyer — par le divertissement, le langage ou le comportement — ont-elles un impact spirituel sur vous ?

Pourquoi votre foyer est-il considéré comme votre premier ministère, et comment pouvez-vous le bâtir sur le Rocher ?

Exercices

1. **Audit spirituel du foyer :** Examinez votre maison pour tout ce qui pourrait être un compromis spirituel (livres, émissions, musique, objets). Retirez tout ce qui n›honore pas Dieu.

2. **Autel familial :** Établissez un temps d›adoration et de prière familial quotidien ou hebdomadaire.

3. **Lettre d›héritage :** Écrivez une lettre de foi et de bénédiction

à vos enfants ou aux membres de votre famille, déclarant les
promesses de Dieu sur leur vie.

Questions de discussion (en groupe)

- Quelles influences façonnent spirituellement votre foyer ?

- Comment manifestez-vous le caractère du Christ dans votre
  famille ?

- Quel est un domaine où votre foyer peut grandir spirituellement
  cette semaine ?

Guide de prière

Prière de consécration du foyer et de responsabilité spirituelle :
*« Seigneur, je Te consacre mon foyer. Purifie-le de tout ce qui s'oppose
à Ton Esprit. Aide-moi à conduire avec amour, humilité et foi. Que notre
foyer soit un lieu de Ta présence et de Ta puissance. Enseigne-moi à garder
l'atmosphère spirituelle et à bien faire disciples des miens. Au nom de Jésus,
Amen. »*

Thèmes abordés dans ce chapitre

- La responsabilité spirituelle dans le foyer

- Identifier et fermer les portes d'accès spirituelles

- Établir une culture d'adoration et de prière

- Enseigner et incarner la foi aux enfants

CHAPITRE 15 :
LA VIGILANCE ET LE COMBAT DANS LA VIE QUOTIDIENNE

Versets clés

- **1 Pierre 5:8 (LSG)** — « *Soyez sobres, veillez. Votre adversaire, le diable, rôde comme un lion rugissant, cherchant qui il dévorera.* »

- **Éphésiens 6:18 (LSG)** — « *Faites en tout temps par l›Esprit toutes sortes de prières et de supplications. Veillez à cela avec une entière persévérance... *»

Aperçu du sujet

Le combat spirituel n'est pas seulement une bataille occasionnelle ; c'est un style de vie fait de vigilance, de prière et d'une vie intentionnelle. Ce chapitre équipe les croyants à rester spirituellement alertes dans la vie de tous les jours, à identifier les attaques subtiles et à demeurer ancrés en Christ à travers des disciplines routinières et une attitude de préparation.

Étude approfondie

1. Vivre une vie vigilante

La vigilance est une posture spirituelle. Elle signifie être alerte aux ruses de l'ennemi tout en étant ancré dans la paix de Dieu.

- **Perspective pratique :**

Commencez chaque journée par la prière et un alignement spirituel.

Soyez attentif aux changements d'atmosphère spirituelle — une peur, une dispute ou une tentation soudaine peuvent être des indicateurs.

- **Exemple :** Une femme ressentait un découragement écrasant chaque fois qu›elle se préparait à évangéliser. En reconnaissant cela comme un schéma d›opposition spirituelle, elle y a fait face par la louange et l›audace.

2. Reconnaître les attaques spirituelles subtiles

Toutes les attaques ne sont pas spectaculaires — beaucoup sont déguisées en distraction, en offense ou en fatigue émotionnelle.

Attaques subtiles courantes

- Lassitude émotionnelle qui vous éloigne de la prière

- Emplois du temps surchargés qui évacuent la concentration spirituelle

- Irritabilité ou offense qui endommage les relations

Contre-stratégie

- Gardez votre temps avec Dieu comme un trésor.

- N'ignorez pas les petits signaux d'alerte spirituels — traitez-les tôt par la prière.

3. Disciplines quotidiennes pour le renforcement spirituel

Gagner les batailles commence par des rythmes quotidiens solides.

Pratiques quotidiennes

- **Prière et lecture biblique :** Alignez votre esprit et votre intelligence sur la vérité.

- **Adoration :** Élève votre esprit et invite la présence de Dieu.

- **Journal de gratitude :** Garde votre cœur ancré dans la foi.

- **Exemple :** Un père notait trois choses pour lesquelles il était reconnaissant chaque jour. Cela l›a aidé à rester plein d›espérance même face à des pressions financières.

---

4. Garder l'armure de Dieu

Éphésiens 6 nous rappelle de « revêtir » l›armure complète — non occasionnellement, mais chaque jour.

- **Perspective pratique :**

    - Priez verbalement en revêtant chaque pièce de l'armure chaque matin (Éphésiens 6:10-18).

    - Enseignez à vos enfants ou à votre conjoint à faire de même. Cela favorise l'unité et la défense.

- **Exemple de prière :** *« Seigneur, je revêts la ceinture de la vérité, la cuirasse de la justice, les chaussures de la paix, le bouclier de la foi, le casque du salut, et je saisis l›épée de l›Esprit. Je tiens ferme aujourd›hui en Toi. »*

Questions de réflexion

- Êtes-vous attentif aux tactiques de l›ennemi dans votre vie quotidienne ? La vigilance dans l›Esprit nous protège des pièges que nous n›avons pas vus venir.

....

....

....

....

- Comment pouvez-vous cultiver la discipline et l'attention spirituelles de manière pratique ?

....

....

....

....

- Comment la régularité dans les disciplines spirituelles aide-t-elle à construire une résistance contre les ruses de l'ennemi ?

....

....

....

....

- Que signifie « vivre avec votre armure » en choisissant Christ quotidiennement dans vos pensées, vos paroles et vos actions ?

....

....

....

....

Exercices

1. **Journal du discernement :** Réfléchissez chaque soir pendant une semaine — y a-t-il eu des attaques subtiles (ex. : découragement, distraction, confusion) ? Comment avez-vous réagi ?

2. **Liste de vérification de l'armure :** Créez un tableau visuel de l'armure de Dieu et engagez-vous à méditer sur une pièce chaque jour pendant une semaine.

3. **Plan de force spirituelle :** Fixez des objectifs quotidiens pour la lecture biblique, le temps de prière et le journal de gratitude. Suivez votre constance.

Questions de discussion (en groupe)

- À quoi ressemble une vie « vigilante » au quotidien ?

- Comment pouvons-nous détecter les attaques subtiles avant qu'elles ne prennent racine ?

- Quelle discipline spirituelle vous est la plus difficile — et pourquoi ?

Guide de prière

Prière de vigilance et de combat spirituel :

« Seigneur, aide-moi à rester spirituellement alerte et conscient des ruses de l'ennemi. Fortifie-moi par Ta Parole, la prière et une obéissance fidèle. Ne permets jamais que je devienne insensible ou complaisant dans ma marche avec Toi. Équipe-moi chaque jour de Ton armure, et aide-moi à vivre une vie qui T'honore et Te glorifie. Au nom de Jésus, Amen. »

Thèmes abordés dans ce chapitre

- Vivre une vie vigilante

- Reconnaître les attaques spirituelles subtiles

- Disciplines quotidiennes pour le renforcement spirituel

- Garder l'armure de Dieu

CHAPITRE 16 :
RESTER PRÊT AU COMBAT EN TOUTE SAISON

Versets clés

- **2 Timothée 4:2 (LSG)** — « ...être prêt à temps et à contretemps. »

- **Ecclésiaste 3:1 (LSG)** — « Il y a un temps pour tout, un temps pour toute chose sous les cieux. »

Aperçu du sujet

Le combat spirituel ne fait pas de pause avec les saisons de la vie. Que vous soyez dans un temps de moisson ou d'épreuve, l'ennemi cherche une opportunité. Ce chapitre vous aidera à reconnaître les changements de saisons dans l'esprit, à maintenir votre force et à appliquer des stratégies pratiques pour rester spirituellement préparé en toute circonstance.

Étude approfondie

1. Reconnaître les saisons spirituelles

La vie a des rythmes — tout comme le monde spirituel. Le discernement nous aide à savoir si nous sommes dans un temps de semence, d'élagage, de repos ou de combat.

Exemples de saisons spirituelles

- **Désert (épreuve) :** comme Jésus dans Matthieu 4.

- **Moisson (fructification) :** comme Actes 2 après la Pentecôte.

- **Transition :** comme Abraham se déplaçant vers une nouvelle terre (Genèse 12).

- **Perspective pratique :**

  - Demandez au Seigneur de vous révéler la saison spirituelle actuelle dans laquelle vous vous trouvez.

- ○ Ajustez vos attentes et votre concentration de prière en conséquence.

---

2. Maintenir la vigilance dans les saisons de calme

Parfois, quand la vie est paisible, nous baissons notre garde. Ce sont les moments pour construire des réserves de foi.

- **Exemple :** Une mère a constaté que quand son emploi du temps ralentissait, elle passait moins de temps en prière. Elle a ensuite réalisé que cette laxité spirituelle la rendait plus vulnérable pendant les épreuves soudaines.

- **Conseils pratiques :**

  - ○ Restez constant dans la prière même quand tout va bien.

  - ○ Ne confondez pas la facilité avec l'absence de combat spirituel.

---

3. Puiser de la force dans les saisons de bataille intense

Dans les moments difficiles, vous pouvez vous sentir spirituellement épuisé. Pourtant, ce sont ces moments où il faut se tourner encore plus vers la présence de Dieu.

- **Perspective pratique :**

  - ○ Jeûnez et priez selon la direction du Saint-Esprit (Marc 9:29).

  - ○ Entourez-vous de voix pieuses et d'encouragements prophétiques.

  - ○ Déclarez les promesses de Dieu à haute voix chaque jour.

- **Exemple :** Pendant une période de chômage, un homme a

gardé **Psaume 23** sur son mur et l'a lu à haute voix chaque matin. Cela l'a porté avec paix à travers l'incertitude financière.

---

4. Se préparer à l'avance aux changements spirituels

Le croyant sage n'attend pas une crise pour se préparer ; il reste équipé.

- **Perspective pratique :**

  - Tenez un journal de prière pour suivre les réponses et les victoires de Dieu.

  - Mémorisez des Écritures clés pour le combat (Éphésiens 6, Psaume 91, Romains 8).

  - Revoyez régulièrement vos objectifs et disciplines spirituels.

Questions de réflexion

- Dans quelle saison spirituelle vous trouvez-vous actuellement ?

  ....

  ....

  ....

- Comment pouvez-vous rester alerte et équipé, que ce soit dans l'abondance ou l'adversité ?

  ....

  ....

  ....

- En quoi le fait de comprendre que toutes les batailles ne sont pas des punitions, mais souvent des préparations, change-t-il votre façon d'aborder les défis ?

- De quelles manières Dieu utilise-t-Il chaque saison de la vie pour notre transformation ?

- Pourquoi les saisons calmes sont-elles aussi importantes que les saisons de tempête, et comment vous aident-elles à bâtir des racines profondes dans votre foi ?

Exercices

1. **Évaluation de saison :** Réfléchissez — Quelle saison spirituelle traversez-vous actuellement ? Notez les signes qui pointent vers cela.

2. **Plan de préparation :** Quelles disciplines spirituelles pouvez-vous renforcer maintenant pour vous préparer à la prochaine saison ?

3. **Chronologie des témoignages :** Tracez une chronologie des saisons spirituelles de votre vie. Marquez les fruits et les leçons de chacune.

Questions de discussion (en groupe)

- Comment savez-vous dans quelle saison spirituelle vous vous trouvez ?

- Quels sont les dangers de mal juger ou de résister à votre saison ?

- Comment pouvons-nous nous soutenir mutuellement pendant différentes saisons spirituelles ?

Guide de prière

Prière pour les saisons spirituelles :
« Père, merci pour les saisons spirituelles que Tu as ordonnées dans ma vie. Aide-moi à discerner ma saison actuelle et à y répondre par la foi et l'obéissance. Dans les saisons calmes, aide-moi à grandir en profondeur. Dans les combats, aide-moi à tenir ferme. Prépare-moi pour les transitions à venir et enseigne-moi à marcher avec Toi en chaque instant. Au nom de Jésus, Amen. »

Thèmes abordés dans ce chapitre

- Reconnaître les saisons spirituelles

- Maintenir la vigilance dans les saisons de calme

- Puiser de la force dans les saisons de bataille intense

- Se préparer à l'avance aux changements spirituels

CHAPITRE 17 :
LE COMBAT SPIRITUEL ET LA SANTÉ MENTALE

Versets clés

- **2 Corinthiens 10:5 (LSG)** — « ...nous amenons toute pensée captive à l›obéissance de Christ. »

- **Ésaïe 26:3 (LSG)** — « À celui qui est ferme dans ses sentiments, Tu assures la paix, la paix, parce qu›il se confie en Toi. »

Aperçu du sujet

Le bien-être mental et émotionnel n'est pas séparé du combat spirituel. Beaucoup de croyants luttent en silence contre l'anxiété, la dépression, la peur et les pensées intrusives — qui peuvent tous être des champs de bataille spirituels. L'ennemi œuvre par la tromperie, la peur et les mensonges pour contrôler les pensées et les comportements. La victoire commence par le renouvellement de l'intelligence, le remplacement des mensonges par la vérité et l'alignement sur la Parole de Dieu. Ce chapitre explore comment s'associer à la vérité de Dieu pour maintenir la force mentale, la paix et la clarté au milieu du conflit spirituel.

Étude approfondie

1. Comprendre l'intelligence comme un champ de bataille

L'esprit est souvent là où le combat spirituel commence. La stratégie de Satan est d'implanter des mensonges et de déformer les perceptions pour maintenir les croyants liés par la peur, la honte ou le désespoir.

- **Perspective pratique :**

  - Reconnaissez que toute pensée n'est pas la vôtre — certaines sont des suggestions de l'ennemi.

  - Demandez-vous : « Cette pensée est-elle porteuse de vie et alignée sur la Parole de Dieu ? »

- **Exemple :** Un homme hanté par des pensées constantes d›échec

a réalisé qu›elles contredisaient **Philippiens 1:6**. Il a commencé
à proclamer ce verset sur sa vie chaque jour et a vu la paix
augmenter.

---

2. Remplacer les mensonges par la vérité

La transformation spirituelle a lieu lorsque la vérité prend la place du mensonge.

Processus de renouvellement

1. **Identifier le mensonge** (« *Je ne changerai jamais.* »)

2. **Le rejeter par la prière** (« *Au nom de Jésus, je renonce à ce mensonge.* »)

3. **Le remplacer par la vérité** (« *Je suis une nouvelle création en Christ* » (2 Corinthiens 5:17).)

Outils

- Cartes de déclaration de vérité

- Affirmations bibliques

- Tenue d'un journal des pensées et des réponses scripturaires

---

3 Se détacher de toute entente avec la peur et l'anxiété

La peur est l'un des outils les plus puissants de Satan pour paralyser les
croyants. L'anxiété peut être enracinée dans des causes à la fois physiologiques et spirituelles, mais Dieu offre une paix qui surpasse toute intelligence.

- **Philippiens 4:6-7 (LSG)** — « Ne vous inquiétez de rien... et la
  paix de Dieu... gardera vos cœurs et vos pensées en Jésus-Christ. »

- ● **Conseils pratiques :**

    - ○ Déclarations quotidiennes de paix (Ésaïe 41:10, Psaume 23:4)

    - ○ Prières respirées : *« Jésus, je me confie en Toi. »*

    - ○ L'adoration et la gratitude comme outils pour changer l'atmosphère

4. Fournir un accompagnement spirituel et pratique

Dieu utilise de multiples outils pour apporter l'intégrité — y compris le conseil, les médicaments, les groupes de soutien et la communauté.

- ● **Exemple :** Une jeune femme luttant contre des attaques de panique a trouvé la liberté par la prière de guérison intérieure, la thérapie et des changements pratiques de sommeil et d'alimentation. La guérison est venue par une combinaison de stratégies spirituelles et naturelles.

- ● **Encouragement :**

    - ○ N'ayez pas honte de chercher de l'aide.

    - ○ La guérison est un voyage, et Dieu marche avec vous à chaque étape.

Questions de réflexion

- ● Quelles pensées récurrentes ou batailles mentales affrontez-vous ?

....

....

- Comment pouvez-vous aligner votre pensée sur la vérité de Dieu et recevoir Sa paix aujourd'hui ?

....

....

....

....

- Comment vos croyances influencent-elles la façon dont vous vivez votre vie quotidienne ?

....

....

....

....

- Pourquoi est-il important de ne pas accepter toute pensée, et comment pouvez-vous les éprouver par la Parole de Dieu ?

....

....

....

....

- De quelles manières la guérison de l'intelligence implique-t-elle à la fois des étapes spirituelles et pratiques, et comment Dieu utilise-t-Il divers outils dans ce processus ?

....

....

....

....

....

Exercices

1. **Capture des pensées :** Listez les pensées négatives ou anxieuses récurrentes. Trouvez un verset qui parle de la vérité sur chacune d›elles.

2. **Routine de confession :** Écrivez trois déclarations de vérité basées sur les Écritures et dites-les quotidiennement.

3. **Carte du système de soutien :** Identifiez les personnes de confiance, les mentors ou les professionnels vers qui vous pouvez vous tourner pour un soutien mental/émotionnel.

Questions de discussion (en groupe)

- Quels mensonges avez-vous crus qui ont façonné vos décisions ou votre image de vous-même ?

- Comment pouvons-nous reconnaître quand la peur essaie de nous contrôler ?

- De quelles manières l'église peut-elle soutenir ceux qui luttent avec des combats mentaux ?

Guide de prière

Prière pour la liberté mentale :

« Seigneur, je Te soumets mes pensées. Aide-moi à reconnaître et à rejeter les mensonges de l'ennemi. Remplace-les par Ta vérité. Donne-moi le courage de rompre l'accord avec la peur et l'anxiété. Remplis mon intelligence de paix et de clarté, et guide-moi vers les soutiens et les stratégies appropriés pour marcher dans la liberté mentale. Au nom de Jésus, Amen. »

Thèmes abordés dans ce chapitre

- Comprendre l'intelligence comme un champ de bataille

- Remplacer les mensonges par la vérité

- Se détacher de toute entente avec la peur et l'anxiété

- Fournir un accompagnement spirituel et pratique

CHAPITRE 18 :
LE COMBAT SPIRITUEL DANS LE MINISTÈRE ET LE LEADERSHIP

Versets clés

- **Jacques 3:1 (LSG)** — « Mes frères, qu›il n›y ait pas parmi vous un grand nombre de personnes qui se mettent à enseigner, car vous savez que nous serons jugés plus sévèrement. »

- **Actes 20:28 (LSG)** — « Prenez donc garde à vous-mêmes, et à tout le troupeau sur lequel le Saint-Esprit vous a établis évêques, pour paître l›Église du Seigneur... »

- **Hébreux 13:17 (LSG)** — « Obéissez à vos conducteurs et ayez pour eux de la déférence, car ils veillent sur vos âmes comme devant en rendre compte... »

Aperçu du sujet

Les responsables et ceux impliqués dans le ministère portent des responsabilités uniques — et font face à un combat spirituel ciblé. Que ce soit au foyer, à l'église ou dans la communauté, l'influence spirituelle porte un poids et une responsabilité. Les responsables doivent rester vigilants, protéger leur onction et s'appuyer sur Dieu tout en servant les autres. Ce chapitre aborde le poids du leadership spirituel, comment garder son appel, éviter les pièges courants et marcher dans l'intégrité sous la pression.

Étude approfondie

1. Le poids de l'influence spirituelle

Une grande responsabilité entraîne un examen spirituel accru. Les responsables fixent le climat spirituel pour ceux qu'ils servent.

- **Perspective pratique :**

    - Donnez la priorité à votre marche personnelle avec Dieu plutôt qu'au ministère public.

    - Évaluez régulièrement votre cœur concernant l›orgueil, l›épuisement ou les compromis cachés.

- **Exemple :** Un pasteur a reconnu qu'il dirigeait par la performance plutôt que par la présence. En restaurant sa vie de prière quotidienne, sa joie et son efficacité sont revenues.

---

2. Attaques courantes contre les responsables

Satan vise à discréditer ceux qui sont dans des rôles visibles. Comprendre les schémas d'attaque peut aider les responsables à rester alertes.

Tactiques incluent

- Isolement et épuisement professionnel (*burnout*)

- Tentation morale et découragement

- Division dans les équipes de direction

Stratégie

- Bâtissez un cercle intérieur de confiance pour la reddition de comptes.

- Prenez des repos sabbatiques et des retraites réguliers.

- Ayez des mentors spirituels ou des surveillants.

---

3. Protéger l'onction

Votre appel doit être gardé avec humilité et discipline.

Modèle biblique

- David est resté humble même après avoir été oint roi (1 Samuel 16).

- Jésus se retirait souvent pour prier seul (Luc 5:16).

Disciplines pratiques

- Maintenez une faim spirituelle — ne dirigez jamais à vide.

- Restez enseignable et corrigeable.

- Ne négligez pas votre famille pour le ministère.

---

4. Combat spirituel en servant les autres

Le ministère de délivrance, de guérison ou la prédication de la vérité suscitent souvent de l'opposition.

Préparation pour le combat ministériel

- Jeûnez et priez avant les moments clés du ministère.

- Revêtez-vous spirituellement avant de prêcher ou de servir.

- Discernez l'atmosphère spirituelle et répondez avec autorité.

- **Exemple :** Un leader de louange a remarqué une lourdeur extrême avant certains services. Après avoir rassemblé une équipe de prière pour intercéder à l'avance, une percée a commencé à couler.

Questions de réflexion

- Dirigez-vous à partir d'un lieu de débordement ou d'épuisement ?

....

....

....

....

- Comment pouvez-vous garder votre appel et donner la priorité à la présence de Dieu plutôt qu'à la performance ?

- Comment l'onction attire-t-elle le combat spirituel, et pourquoi est-il important de rester proche de l'Oint ?

- Pourquoi les responsables ne sont-ils pas immunisés contre les attaques, et comment le soutien, le repos et la couverture peuvent-ils les aider ?

De quelles manières votre influence en leadership découle-t-elle le plus efficacement de l'intimité avec Dieu ?

Exercices

1. **Journal de leadership :** Réfléchissez à vos responsabilités de leadership. Quels domaines sont les plus éprouvants spirituellement ? Comment les remplissez-vous ?

2. **Liste d'intercession :** Créez une liste de prière pour ceux qui sont sous votre direction et engagez-vous à prier régulièrement pour eux.

3. **Vérification de reddition de comptes :** Identifiez vers qui vous pouvez vous tourner pour des conseils et une reddition de comptes. Contactez cette personne cette semaine.

Questions de discussion (en groupe)

- Quelles sont les attaques spirituelles auxquelles les responsables font couramment face ?

- Comment un responsable peut-il garder son cœur et son onction ?

- À quoi ressemble un leadership sain, semblable à Christ, selon vous ?

Guide de prière

Prière pour le leadership, la force et la couverture spirituelle :
« Père, merci pour le privilège de l'influence. Aide-moi à diriger avec humilité, intégrité et sagesse. Protège-moi de l'orgueil, de l'épuisement et du compromis. Fortifie-moi dans le combat et remplis-moi d'une huile fraîche chaque jour. Que je conduise les autres par Ta force et les dirige toujours vers Toi. Au nom de Jésus, Amen. »

Thèmes abordés dans ce chapitre

- Le poids de l'influence spirituelle

- Les attaques courantes contre les responsables

- Protéger l'onction

- Le combat spirituel en servant les autres

CHAPITRE 19 : LES DONS SPIRITUELS ET LE COMBAT SPIRITUEL

Versets clés

- **1 Corinthiens 12:7 (LSG)** — *« Or, à chacun la manifestation de l'Esprit est donnée pour l'utilité commune. »*

- **Romains 12:6 (LSG)** — *« Ayant des dons différents, selon la grâce qui nous a été accordée... »*

Aperçu du sujet

Les dons spirituels ne sont pas seulement pour l'édification, mais aussi pour équiper l'Église dans le combat spirituel. Ils sont des outils divins pour bâtir le Corps de Christ et avancer le Royaume de Dieu. Dans le combat spirituel, ils sont des armes stratégiques qui apportent la percée, la guérison, le discernement et la direction. Ce chapitre explore comment le discernement, la prophétie, l'intercession et d'autres dons spirituels peuvent être employés stratégiquement dans la bataille spirituelle, et comment les cultiver, en prendre soin et les protéger.

Étude approfondie

1. Le but des dons spirituels dans le combat spirituel

Les dons spirituels sont des outils divins pour édifier, protéger et faire avancer l'Église. Utilisés à bon escient, ils exposent les ténèbres, bâtissent l'unité et fortifient les croyants contre les ruses démoniaques.

- **Exemples :**

  - Une parole de connaissance peut révéler des forteresses cachées.

  - Le don du discernement peut protéger des esprits trompeurs.

  - La prophétie peut libérer la percée et la direction dans des saisons de confusion.

- **Perspective pratique :**

  - Voyez votre don comme une arme pour édifier les autres, pas seulement comme une identité personnelle.

  - Demandez à Dieu chaque jour de vous montrer comment Il veut utiliser votre don dans la prière et le ministère.

---

2. Discerner et activer vos dons

Beaucoup de croyants ne reconnaissent pas leurs dons ou luttent pour y marcher. Les activer commence par la conscience, la foi et la pratique.

Moyens de découvrir et utiliser votre don

- Étudiez Romains 12, 1 Corinthiens 12 et Éphésiens 4.

- Demandez à des croyants matures ou à des mentors ce qu'ils voient en vous.

- Sortez par la foi dans des contextes de petit groupe ou de temps de prière.

- **Exemple :** Une femme discrète qui se sentait insignifiante a découvert qu›elle avait un don puissant d›intercession lorsque ses prières ont commencé à briser la lourdeur spirituelle sur les autres. Elle est devenue un leader de prière puissante.

---

3. Se garder de l'orgueil, de la peur et de la comparaison

Les dons spirituels doivent être gérés avec humilité et amour. L'orgueil peut mal utiliser les dons ; la peur peut les supprimer ; la comparaison peut tuer la joie.

- **1 Corinthiens 13** nous rappelle que les dons sans amour ne sont rien.

- **Garde-fous pratiques :**

  - Restez redevable envers le leadership et la communauté.

  - Célébrez les dons des autres sans comparaison.

  - Restez enseignable et ouvert à la correction.

---

4. Utiliser votre don stratégiquement dans la bataille

Chaque don a des applications dans le combat :

- **Prophétie :** Libère la vérité et la direction ; démolit les mensonges.

- **Guérison :** Démontre le Royaume et brise les infirmités.

- **Intercession :** Bâtit des murs de protection et désarme les attaques.

- **Discernement :** Détecte les changements spirituels et les plans de l'ennemi.

- **Enseignement :** Équipe les croyants d'une doctrine solide pour résister à la tromperie.

- **Exemple :** Un homme ayant un don d'enseignement a commencé à animer une étude biblique hebdomadaire chez lui. Avec le temps, les participants ont vu une libération de la confusion et des faux enseignements.

Questions de réflexion

- Quels dons Dieu vous a-t-Il donnés ?

- Les utilisez-vous activement d'une manière qui équipe les autres pour le combat spirituel ?

- Quelles mesures pouvez-vous prendre pour développer et déployer vos dons plus efficacement ?

* Comment vos dons spirituels pointent-ils vers la gloire de Dieu plutôt que de définir votre identité ?

* De quelles manières le combat spirituel révèle-t-il le moment et la nécessité de vos dons ?

* Pourquoi est-il important d'utiliser les dons que Dieu vous donne avec foi, en sachant qu'Il a un but pour eux ?

Exercices

1. **Quiz de découverte des dons :** Faites un test de dons spirituels et réfléchissez aux résultats. Notez dans un journal comment chaque don pourrait être utilisé dans le combat.

2. **Activation audacieuse du don :** Identifiez un besoin (dans l›église, la famille ou la communauté) et utilisez intentionnellement l›un de vos dons cette semaine.

3. **Détox de la comparaison :** Écrivez une liste des mensonges spirituels que vous avez crus (ex. : *« Je ne suis pas doué »*, *« Leur don est meilleur »*). Remplacez chacun par une vérité basée sur les Écritures.

Questions de discussion (en groupe)

- Comment avez-vous vu les dons spirituels utilisés efficacement dans le combat ?

- Qu'est-ce qui vous retient d'utiliser pleinement vos dons ?

- Comment l'église peut-elle aider les croyants à activer et à faire mûrir leurs dons ?

Guide de prière

Prière pour les dons spirituels :
« Saint-Esprit, merci pour les dons que Tu as placés en moi. Aide-moi à les discerner, à les embrasser et à les activer pour Ta gloire. Enlève la peur, l'orgueil et la comparaison de mon cœur. Que je serve avec hardiesse et fidélité, utilisant ce que Tu as donné pour détruire les œuvres des ténèbres et élever Ton nom. Au nom de Jésus, Amen. »

Thèmes abordés dans ce chapitre

- Le but des dons spirituels dans le combat spirituel

- Discerner et activer vos dons

- Se garder de l'orgueil, de la peur et de la comparaison

- Utiliser votre don stratégiquement dans la bataille

CHAPITRE 20 :
L'INTERCESSION ET LA PRIÈRE STRATÉGIQUE

Versets clés

- **Ézéchiel 22:30 (LSG)** — *« Je cherche parmi eux un homme qui élève un mur, qui se tienne à la brèche devant moi en faveur du pays... »*

- **Jacques 5:16 (LSG)** — *« La prière fervente du juste a une grande efficacité. »*

Aperçu du sujet

L'intercession est l'un des outils les plus puissants du combat spirituel. Dieu appelle les croyants à se tenir dans la brèche en faveur des autres, des régions et des situations. Ce chapitre se concentre sur le rôle stratégique de l'intercession, sur la manière de développer un style de vie de prière et sur des cadres pratiques pour prier efficacement contre l'activité démoniaque.

Étude approfondie

1. L'appel à se tenir dans la brèche

Intercéder signifie plaider en faveur de quelqu'un d'autre. Dans les Écritures, Dieu a souvent cherché des intercesseurs pour retenir le jugement ou libérer Sa volonté.

- **Exemples :** Abraham a intercédé pour Sodome (Genèse 18). Moïse a intercédé pour Israël (Exode 32).

- **Perspective pratique :**

  - Demandez régulièrement à Dieu : *« Pour qui ou quoi veux-Tu que je me tienne dans la brèche aujourd'hui ? »*

  - Soyez prêt à travailler dans la prière jusqu'à ce que la percée vienne.

2. Types de prière d'intercession

Toutes les intercessions ne se ressemblent pas. Dieu peut vous conduire vers différents types :

- **Intercession de combat :** Briser les forteresses sur les personnes, les lieux ou les églises.

- **Intercession prophétique :** Prier ce que vous percevez du Saint-Esprit.

- **Intercession sacerdotale :** Présenter les besoins des autres devant Dieu comme un prêtre.

- **Exemple :** Une femme était réveillée chaque nuit pour prier pour un ami dans un autre pays. Des mois plus tard, elle a appris que cet ami faisait face à une intense persécution pendant ces moments précis.

3. Stratégies de prière dans le combat

L'intercession stratégique demande de l'intentionnalité, de la préparation et du discernement.

Outils de prière

- **Cartes de prière :** Attribuez des sujets, des besoins ou des personnes spécifiques sur lesquels vous concentrer chaque jour.

- **Déclarations de prière :** Proclamer la Parole de Dieu sur les situations.

- **Listes ciblées :** Noms, villes, ministères ou problèmes à couvrir régulièrement.

- **Exemple :** Un petit groupe a adopté leur école locale dans la prière. Avec le temps, le harcèlement a diminué et deux enseignants ont donné leur vie à Christ.

---

4. Prier à partir d'un lieu de victoire

L'intercession efficace ne supplie pas ; elle s'accorde avec ce que Christ a déjà accompli.

- **Éphésiens 2:6** — Vous êtes assis avec Christ.

- **Conseils pratiques :**

    - Commencez par la louange et les actions de grâces.

    - Déclarez les promesses de Dieu, pas seulement les problèmes.

    - Écoutez la direction du Saint-Esprit plus que vous ne parlez dans de longues prières.

Questions de réflexion

- Vous voyez-vous comme un intercesseur ?

....

....

....

....

....

....

- Pour qui ou quoi Dieu vous appelle-t-Il à prier aujourd'hui ?

....

....

....

....

- Comment pouvez-vous construire des stratégies de prière
  intentionnelles qui aboutissent à des percées ?

....

....

....

....

- Comment l'accord dans la prière multiplie-t-il la puissance
  spirituelle, comme décrit dans Deutéronome 32:30 ?

....

....

....

....

● Quels sont les éléments clés du véritable accord, et pourquoi l'humilité, l'unité et un engagement partagé envers la vérité de Dieu sont-ils importants ?

● Pourquoi les partenariats de prière ne sont-ils pas seulement utiles, mais essentiels pour la croissance et l'efficacité spirituelles ?

Exercices

1. **Défi du partenaire de prière :** Trouvez quelqu'un avec qui prier pendant sept jours consécutifs. Tenez un journal de ce pour quoi vous priez et des lumières reçues.

2. **Vérification de l'unité :** Demandez au Seigneur de révéler toute relation où votre accord est rompu. Priez pour la guérison et la restauration.

3. **Accord basé sur la Parole :** Choisissez une promesse des Écrit-

ures et entrez en accord avec un ami ou un groupe pour prier cette Parole dans vos vies.

Questions de discussion (en groupe)

- Pourquoi l'intercession est-elle critique dans le combat spirituel ?

- Qui a intercédé pour vous dans le passé ?

- Comment avez-vous expérimenté la puissance de l'accord dans la prière ?

- Qu'est-ce qui bloque l'unité dans les partenariats de prière ou les églises ?

- Pourquoi l'accord avec la volonté du ciel est-il nécessaire pour un combat efficace ?

Guide de prière

Prière pour l'intercession et l'unité :

« Seigneur, enseigne-moi la puissance de l'accord dans Ta présence. Pardonne-moi là où j'ai marché dans l'orgueil ou la désunion. Aide-moi à trouver des partenaires de prière pieux et à marcher dans l'unité avec les autres et avec Ta Parole. Libère l'autorité du ciel alors que nous alignons nos cœurs et nos prières ensemble. Au nom de Jésus, Amen. »

Thèmes abordés dans ce chapitre

- L'appel à se tenir dans la brèche

- Types de prière d'intercession

- Stratégies de prière dans le combat

- Prier à partir d'un lieu de victoire

CHAPITRE 21 :
LE RÔLE DE L'ÉGLISE DANS LE COMBAT SPIRITUEL

Versets clés

- **Matthieu 5:14-16 (LSG)** — *« Vous êtes la lumière du monde... Que votre lumière luise ainsi devant les hommes, afin qu›ils voient vos bonnes œuvres, et qu›ils glorifient votre Père qui est dans les cieux. »*

- **Actes 2:42-47 (LSG)** — *« Ils persévéraient dans l›enseignement des apôtres, dans la communion fraternelle, dans la fraction du pain, et dans les prières... Et le Seigneur ajoutait chaque jour à l›Église ceux qui étaient sauvés. »*

- **Romains 12:4-5 (LSG)** — *« Car, comme nous avons plusieurs membres dans un seul corps... ainsi nous sommes un seul corps en Christ, et nous sommes tous membres les uns des autres. »*

Aperçu du sujet

L'Église n'est pas un public passif — c'est une force active pour la transformation. En tant que Corps de Christ, nous sommes appelés à faire avancer le Royaume de Dieu en étant Ses mains, Ses pieds et Sa voix dans le monde. Chaque acte d'amour, de service et de prière contribue à la victoire spirituelle sur les ténèbres. Ce chapitre explore comment les croyants peuvent fonctionner comme une communauté unie et remplie de l'Esprit qui porte la présence de Dieu dans les familles, les villes et les nations. L'Église en action ne défend pas seulement la vérité — elle la démontre avec compassion et puissance.

Étude approfondie

1. L'Église comme Corps vivant de Dieu

L'Église représente Christ sur la terre — Sa compassion, Sa justice et Son autorité œuvrant à travers les personnes. Quand les croyants opèrent dans l'unité, ils deviennent l'expression visible du Royaume de Dieu.

- **Exemple :** Dans Actes 2, l›Église primitive partageait ses ressources, priait ensemble et manifestait un amour radical.

Cette unité a attiré beaucoup au salut et a étendu rapidement le
Royaume.

- **Perspective pratique :**

  - Voyez votre église locale comme les mains de Christ
    tendues vers la communauté.

  - Servez avec l'état d'esprit que votre ministère répond à la
    fois aux besoins spirituels et physiques.

---

2. La puissance de l'influence du Royaume

L'Église est appelée non seulement à se rassembler, mais aussi à influencer
la société — par l'intégrité, le service et une hardiesse conduite par l'Esprit.
Partout où l'Église est active, les ténèbres perdent du terrain.

- **Exemple :** Les croyants d'Antioche (Actes 11:26) sont devenus un
  modèle d'influence du Royaume — partageant l'Évangile à travers
  les cultures et faisant miséricorde aux pauvres.

- **Perspective pratique :**

  - Que la présence de votre église apporte la lumière dans les
    écoles, les lieux de travail et le gouvernement.

  - Promouvoir la justice, la miséricorde et la compassion
    comme des formes de combat spirituel.

---

3. Équiper et envoyer des disciples

Dieu n'a jamais conçu l'Église comme un lieu de confort, mais comme une
rampe de lancement pour les disciples. La vraie maturité spirituelle conduit
à la mission.

- **Perspective scripturaire :** Jésus a formé Ses disciples et les
  a envoyés deux par deux (Luc 10:1-3). De même, les églises

devraient élever des croyants pour évangéliser, faire du mentorat et servir.

- **Outils pratiques pour les églises :**

    ○ Développer des parcours de leadership et de discipulat.

    ○ Encourager chaque membre à découvrir et à utiliser ses dons spirituels.

    ○ Célébrer les témoignages de transformation et de service.

- **Exemple :** Une petite église a formé ses membres à l›évangélisation, entraînant des dizaines de nouveaux croyants et des programmes de sensibilisation communautaire.

---

4. Faire avancer le Royaume de Dieu dans le monde

La mission de l'Église s'étend au-delà de ses murs. Elle est globale, culturelle et éternelle. La prière, le service et les initiatives de justice révèlent la souveraineté de Dieu sur toutes les sphères de la vie.

- **Exemples :**

    ○ Des églises partenaires dans des voyages missionnaires ou des programmes alimentaires.

    ○ Des croyants faisant du mentorat auprès des jeunes ou défendant la vérité dans les médias et la politique.

    ○ Des événements de louange unissant plusieurs congrégations pour déclarer le règne de Christ.

- **Perspective pratique :**

    ○ Demandez : « Comment notre église peut-elle bénir notre ville ce mois-ci ? »

    o   Partenariats avec d'autres ministères pour multiplier l'impact.

    o   Vivez en mission au quotidien — votre lieu de travail, votre salle de classe ou votre foyer peut être votre champ de mission.

Questions de réflexion

- Comment pouvez-vous personnellement aider votre église à impacter votre communauté ?

....

....

....

....

....

- Que signifie pour vous que vous êtes la lumière du monde ?

....

....

....

....

- Comment votre église locale peut-elle devenir un centre d'envoi plutôt qu'un simple lieu de rassemblement ?

- Quelle partie de la mission de Dieu émeut le plus votre cœur ?

- Comment vos dons peuvent-ils aider à faire avancer le Royaume là où vous vivez ?

Exercices

1. **Carte missionnaire :** Identifiez un besoin dans votre communauté et réfléchissez à la façon dont votre église pourrait y répondre.

2. **Défi du service :** Faites du bénévolat pour une sensibilisation, un ministère jeunesse ou une initiative de prière.

3. **Partenariat pour le Royaume :** Connectez-vous avec un autre croyant ou une autre église pour collaborer à une bonne œuvre.

4. **Promenade scripturaire :** Parcourez votre quartier en déclarant les promesses de Dieu sur les maisons, les écoles et les familles.

Questions de discussion (en groupe)

- Comment l'Église peut-elle équilibrer la prédication de la vérité avec la démonstration de l'amour en action ?

- À quoi ressemblerait-il si chaque croyant vivait « en mission » quotidiennement ?

- Comment l'unité entre les églises peut-elle changer l'atmosphère d'une ville ?

- Quel rôle votre génération joue-t-elle dans l'avancement du Royaume de Dieu ?

Guide de prière

Prière pour la mission, la compassion et l'unité :
« Seigneur Jésus, merci d'appeler Ton Église à l'action. Remplis-nous de Ton Esprit et de Ta compassion pour atteindre les perdus et servir les brisés. Unis-nous dans le but et la puissance afin que Ton Royaume avance à tra-

vers chaque acte d'amour, de prière et de service. Utilise-nous comme des vases de Ta gloire — ici et dans le monde entier. Amen. »

Prière pour l'audace et l'influence :
« Père, fais de nous une Église qui fait briller Ta lumière avec hardiesse et constance. Que nos œuvres amènent les autres à Te glorifier. »

Thèmes abordés dans ce chapitre

- L'Église comme Corps vivant de Dieu

- La puissance de l'influence du Royaume

- Équiper et envoyer des disciples

- Faire avancer le Royaume de Dieu dans le monde

CHAPITRE 22 :
VIVRE DANS LA VICTOIRE : MAINTENIR LA LIBÉRTE SPIRITUELLE

Versets clés

- **Romains 8:37 (LSG)** — « Mais dans toutes ces choses nous sommes plus que vainqueurs par celui qui nous a aimés. »

- **1 Jean 5:4 (LSG)** — « ...et tout ce qui est né de Dieu triomphe du monde ; et la victoire qui triomphe du monde, c›est notre foi. »

- **2 Corinthiens 2:14 (LSG)** — « Grâces soient rendues à Dieu, qui nous fait toujours triompher en Christ, et qui répand par nous en tout lieu l›odeur de sa connaissance!»

Aperçu du sujet

La victoire n'est pas seulement une destination ; c'est un style de vie quotidien enraciné dans notre identité en Christ. La victoire dans le combat spirituel ne consiste pas seulement à gagner des batailles ; il s'agit de vivre chaque jour dans la liberté et l'autorité que Christ a fournies. Comprendre votre position spirituelle vous équipe pour surmonter les revers et les attaques spirituelles tout en vivant dans la liberté et l'autorité. Ce chapitre se concentre sur la façon dont les croyants peuvent maintenir leur liberté spirituelle, cultiver un état d'esprit victorieux et marcher avec assurance dans leur identité de vainqueurs par Christ.

Étude approfondie

1. Comprendre votre position en Christ

La victoire commence par une compréhension claire de qui vous êtes en Jésus. Vous n'êtes plus une victime, mais un vainqueur, assis avec Christ dans les lieux célestes (Éphésiens 2:6).

- **Perspective pratique :**

  - Rappelez-vous régulièrement de votre nouvelle identité d'enfant de Dieu.

○   Rejetez les mensonges qui disent que vous êtes faible ou vaincu.

○   Méditez sur les versets qui affirment votre victoire et votre autorité.

- **Exemple :** Un croyant luttant contre la culpabilité a trouvé la liberté en déclarant quotidiennement **Romains 8:1** : *« Il n'y a donc maintenant aucune condamnation pour ceux qui sont en Jésus-Christ. »*

---

2. Cultiver un style de vie de victoire

La victoire est maintenue par des habitudes intentionnelles et des disciplines spirituelles qui renforcent votre liberté.

Pratiques clés

- **Prière et adoration quotidiennes :** Garder une communion étroite avec Dieu.

- **Méditation des Écritures :** Laisser la Parole de Dieu renouveler votre intelligence.

- **Confession remplie de foi :** Proclamer la vérité sur les circonstances.

- **Communion fraternelle régulière :** Vous entourer de personnes qui vous encouragent.

- **Exemple :** Une femme souvent découragée a commencé une routine quotidienne de mémorisation des Écritures et de prière. Avec le temps, sa foi s'est renforcée et elle a connu une paix durable.

3. Surmonter les revers et les attaques

Même les croyants victorieux font face à des défis. Comprendre comment réagir aux revers est vital.

Réponses aux revers spirituels

- **Se repentir et restaurer :** Confesser rapidement et retourner à la grâce de Dieu.

- **Chercher du soutien :** Tendre la main à des croyants ou des mentors de confiance.

- **Réaffirmer les promesses de Dieu :** Déclarer à haute voix la victoire en Christ.

- **Rester persévérant :** Ne pas abandonner ; le combat spirituel est continu.

- **Exemple :** Après une période de sécheresse spirituelle, un homme a renouvelé son engagement dans la prière et la communion fraternelle. Il a retrouvé la joie et la force pour continuer à tenir ferme.

4. Marcher dans la liberté et l'autorité quotidiennement

Votre victoire en Christ vous donne autorité sur l'ennemi. Marcher dans cette autorité demande de la confiance et de l'obéissance.

Conseils pratiques

- Utilisez le nom de Jésus avec hardiesse face à la tentation ou à l'attaque.

- Appliquez l'œuvre accomplie de la croix — sachez que Jésus a désarmé l'ennemi.

- Gardez votre cœur et votre intelligence avec l'armure de Dieu.

- **Exemple :** Face à la peur, une croyante disait : *« Au nom de Jésus, la peur doit partir. »* Avec le temps, cette pratique a brisé le pouvoir de la peur dans sa vie.

Questions de réflexion

- Vivez-vous quotidiennement en tant que vainqueur en Christ ?

- Quelles disciplines spirituelles pouvez-vous cultiver pour maintenir votre victoire ?

- Comment réagirez-vous la prochaine fois que vous ferez face à une attaque spirituelle ou personnelle ?

....

....

....

....

- De quelles manières votre autorité en Christ dépend-elle de votre position en Lui plutôt que de votre performance ?

....

....

....

....

- Pourquoi vivre dans la victoire dépend-il d'avoir une intelligence renouvelée et un cœur soumis ?

....

....

....

....

- Comment les revers peuvent-ils devenir des opportunités de retournement de situation lorsque vous restez connecté à Dieu ?

....

....

....

....

Exercices

1. **Déclarations d'identité :** Écrivez cinq vérités bibliques sur qui vous êtes en Christ. Dites-les à haute voix chaque matin cette semaine.

2. **Inventaire de la victoire :** Réfléchissez à un revers spirituel récent. Qu›avez-vous appris ? Quelle vérité pouvez-vous maintenant pratiquer avec plus d›assurance ?

3. **Habitudes de liberté :** Listez trois disciplines spirituelles que vous devez renforcer. Faites un plan de sept jours pour pratiquer chacune d›elles.

4. **Se souvenir de la fidélité de Dieu :** Listez la fidélité de Dieu dans les saisons passées.

Questions de discussion (en groupe)

- Que signifie vivre à partir de la victoire au lieu de lutter pour elle ?

- Comment votre position en Christ affecte-t-elle vos décisions quotidiennes ?

- Quelles disciplines vous aident à maintenir l'autorité et la liberté spirituelles ?

- Qu'est-ce qui vous aide à rester fort quand la percée est retardée ?

Guide de prière

Prière de victoire et d'autorité spirituelle :
« Seigneur Jésus, merci pour la victoire que Tu as remportée pour moi à la croix. Aide-moi à vivre chaque jour conscient de ma position en Toi. Fortifie-moi pour marcher dans la vérité, garde mon cœur contre les mensonges et conduis-moi dans la liberté et le but. Que je reflète Ton autorité et Ton amour partout où je vais. En Ton nom, Amen. »

Prière pour l'endurance et la persévérance :
« Seigneur, fortifie-moi pour persévérer et ne pas abandonner. Remplis-moi de patience et d'espérance alors que je continue à me tenir sur Tes promesses, même quand je ne vois pas la percée immédiatement. Que ma foi grandisse dans l'attente. »

Thèmes abordés dans ce chapitre

- Comprendre votre position en Christ

- Cultiver un style de vie de victoire

- Surmonter les revers et les attaques

- Marcher dans la liberté et l'autorité quotidiennement

CHAPITRE 23 :
LE RÔLE DU SAINT-ESPRIT DANS LE COMBAT SPIRITUEL

Versets clés

- **Jean 14:26 (LSG)** — « *Mais le consolateur, l›Esprit-Saint, que le Père enverra en mon nom, vous enseignera toutes choses, et vous rappellera tout ce que je vous ai dit.* »

- **Romains 8:26 (LSG)** — « *De même aussi l›Esprit nous aide dans notre faiblesse, car nous ne savons pas ce qu›il nous convient de demander dans nos prières. Mais l›Esprit lui-même intercède par des soupirs inexprimables.* »

Aperçu du sujet

Le Saint-Esprit est le compagnon essentiel du croyant dans le combat spirituel — nous rendant puissants, nous guidant et intercédant en notre faveur. Ce chapitre explore comment l'Esprit agit dans nos vies pendant la bataille, nous équipant de sagesse, de force et de victoire.

Étude approfondie

1. La puissance pour le combat

Le Saint-Esprit fournit la puissance et l'audace nécessaires pour résister aux attaques spirituelles. Sans Sa présence, le combat spirituel peut sembler accablant.

- **Exemple :** À la Pentecôte (Actes 2), les croyants ont reçu le Saint-Esprit et ont été revêtus de puissance pour prêcher avec hardiesse et accomplir des miracles malgré l›opposition.

- **Perspective pratique :**

  - Priez chaque jour pour être rempli et revêtu de la puissance du Saint-Esprit (Éphésiens 5:18).

  - Dépendre de Sa force plutôt que de la vôtre.

2. Guide et sagesse

L'Esprit guide les croyants dans la vérité et la stratégie pour les combats spirituels. Il révèle les tactiques de l'ennemi et comment y répondre.

- **Jean 16:13** promet que l'Esprit conduira dans toute la vérité.

- **Exemple :** Jésus, conduit par l'Esprit, savait quand confronter et quand se retirer pendant Sa tentation dans le désert.

- **Perspective pratique :**

    - Cultivez la sensibilité aux impulsions de l'Esprit par la prière et le silence.

    - Recherchez Sa guidance avant de vous engager dans le combat spirituel ou le ministère.

3. Intercession en notre faveur

Quand nous ne savons pas comment ou quoi prier, l'Esprit intercède par des soupirs inexprimables (Romains 8:26). Cette aide surnaturelle nous soutient dans les combats spirituels prolongés.

- **Perspective pratique :**

    - Faites confiance à l'intercession de l'Esprit quand vos prières semblent faibles ou sèches.

    - Joignez-vous aux soupirs de l'Esprit par une prière persistante.

4. Rempli du fruit de l'Esprit

Le fruit de l'Esprit — amour, joie, paix, patience, bonté, bénignité, fidélité, douceur, tempérance — sont des armes essentielles dans le combat qui désarment les accusations et les attaques de l'ennemi.

- **Exemple :** Un croyant rempli de paix et de joie devient un témoin puissant dans des environnements hostiles.

- **Perspective pratique :**

  - Poursuivez la sainteté et abandonnez-vous quotidiennement pour permettre à l'Esprit de porter du fruit dans votre vie.

  - Utilisez le fruit de l'Esprit pour édifier les autres et désamorcer les conflits.

Questions de réflexion

- Comment comptez-vous sur le Saint-Esprit dans vos combats spirituels ?

  ....

  ....

  ....

  ....

- Dans quels domaines avez-vous besoin de cultiver une plus grande sensibilité et dépendance à Sa guidance et à Sa puissance ?

  ....

  ....

  ....

  ....

- Pourquoi le Saint-Esprit est-il essentiel, et non optionnel, dans le combat spirituel ?

- De quelles manières la présence du Saint-Esprit apporte-t-elle à la fois du réconfort et un catalyseur pour l'action audacieuse ?

- Comment le fruit de l'Esprit transforme-t-il votre vie intérieure pour vous aider à vaincre les batailles extérieures ?

Exercices

1. **Journal du Saint-Esprit :** Passez dix minutes chaque jour
   cette semaine à noter dans un journal tout ce que le Saint-
   Esprit vous révèle par la prière ou les Écritures.

2. **Évaluation du fruit :** Choisissez un fruit de l'Esprit sur lequel vous
   concentrer chaque jour pendant une semaine. Demandez à Dieu
   de faire croître ce fruit dans votre vie à travers des situations qui
   étirent votre foi.

3. **Pratique de l'intercession :** Passez du temps à prier en langues
   (dans l'Esprit) ou à demander à l'Esprit d'intercéder à travers vous
   pour un besoin spécifique.

Questions de discussion (en groupe)

- Comment avez-vous expérimenté la guidance du Saint-Esprit dans
  des situations difficiles ?

- Pourquoi le fruit de l'Esprit est-il vital pour le combat spirituel ?

- Quelle est la différence entre combattre par sa propre force et par
  Sa force ?

Guide de prière

Prière pour le remplissage, la guidance et la victoire :
*« Saint-Esprit, je T'accueille dans chaque partie de ma vie. Remplis-moi
à nouveau aujourd'hui de Ta puissance et de Ta paix. Conduis-moi dans
la vérité, enseigne-moi à prier, et fais croître Ton fruit en moi. Je choisis de
compter sur Ta force, non sur la mienne, alors que je marche dans la victoire. Au nom de Jésus, Amen. »*

Prière pour les dons et l'affinement spirituel :
« Saint-Esprit, active et affine les dons que Tu as placés en moi pour Ta

gloire. Utilise-moi comme Tu le désires dans le combat et le ministère. Purifie mes motivations et remplis-moi de Ton feu sacré. »

Thèmes abordés dans ce chapitre

- La puissance pour le combat

- La guidance et la sagesse

- L'intercession en notre faveur

- Être rempli du fruit de l›Esprit

CHAPITRE 24

LE COMBAT SPIRITUEL ET LE CORPS DE L'ÉGLISE

Versets clés

- **Éphésiens 4:11-13 (LSG)** — « Et il a donné les uns comme
  apôtres, les autres comme prophètes, les autres comme
  évangélistes, les autres comme pasteurs et docteurs, pour le
  perfectionnement des saints en vue de l›œuvre du ministère et de
  l›édification du corps de Christ... »

- **Matthieu 18:20 (LSG)** — « Car là où deux ou trois sont
  assemblés en mon nom, je suis au milieu d›eux. »

- **Actes 4:31 (LSG)** — « Quand ils eurent prié, le lieu où ils étaient
  assemblés trembla ; ils furent tous remplis du Saint-Esprit, et ils
  annonçaient la parole de Dieu avec assurance. »

Aperçu du sujet

Le combat spirituel n'est pas seulement une bataille individuelle. Il est pro-
fondément lié à la vie et à la santé du Corps de l'Église. L'Église, en tant que
communauté de croyants, est appelée à se tenir ensemble dans l'unité, la
prière et le soutien mutuel pour combattre les ruses de l'ennemi. Ce chapitre
explore comment le combat spirituel corporatif fonctionne, l'importance de
l'unité et le rôle du leadership de l'église pour équiper le Corps en vue de
la victoire.

Étude approfondie

1. La puissance de la prière et de l'adoration corporatives

Quand les croyants se rassemblent dans l'unité, il y a une puissance spirituelle qui ne peut être égalée individuellement. Jésus a dit que là où deux ou
trois sont assemblés en son nom, il est présent (Matthieu 18:20).

- **Exemples :**

  - L'Église primitive dans Actes 4 a prié de manière

corporative, et Dieu a répondu en les remplissant de hardiesse.

- ○ L'adoration corporative change les atmosphères spirituelles, brise les chaînes et invite la présence de Dieu.

- **Perspective pratique :**

  - ○ Participez activement aux réunions de prière et aux rassemblements d'adoration de l'église.

  - ○ Organisez ou rejoignez des équipes de prière de combat spirituel.

---

2. L'unité comme stratégie défensive et offensive

L'unité protège l'église de la division, que Satan utilise souvent comme une arme (1 Corinthiens 1:10). Un Corps d'Église uni est une forteresse puissante contre les attaques spirituelles.

- **Exemple :** Jésus a prié pour l'unité parmi Ses disciples (Jean 17:20-23), sachant que cela renforcerait leur témoignage et leur résistance à l'ennemi.

- **Perspective pratique :**

  - ○ Poursuivez la réconciliation et le pardon dans les relations.

  - ○ Promouvoir une culture d'humilité et de service au sein de l'église.

---

3. Le rôle du leadership pour équiper l'Église

Les pasteurs, les anciens et les leaders ministériels ont la responsabilité de former et d'équiper les croyants dans le combat spirituel (Éphésiens 4:11-13).

Responsabilités

- Enseigner la vérité biblique sur les batailles spirituelles.

- Fournir des outils pratiques comme des modèles de prière et des stratégies de combat.

- Encourager la reddition de comptes et le mentorat.

- **Exemple :** Une église qui enseigne régulièrement sur le combat spirituel et organise des ministères de prière voit souvent des percées dans les défis personnels et communautaires.

4. Les dons et ministères spirituels dans le combat corporatif

Les dons de chaque croyant contribuent à la force du Corps dans le combat. Des dons comme l'intercession, la prophétie, la guérison et le discernement aident l'Église à tenir ferme.

- **Perspective pratique :**

  - Identifiez et activez vos dons pour le bénéfice de l'Église.

  - Soutenez les ministères axés sur la délivrance, la guérison et la prière.

- **Exemple :** Une équipe de prophétie dans une église locale prie régulièrement pour la congrégation, apportant encouragement et direction qui démantèlent des forteresses spirituelles.

5. Bâtir une culture de vigilance spirituelle

Les églises qui prospèrent dans le combat spirituel cultivent la vigilance et la préparation.

Suggestions pratiques

- Intégrer des enseignements sur le combat spirituel dans les sermons et les petits groupes.

- Encourager les membres à revêtir chaque jour l'armure complète de Dieu.

- Créer des environnements où les croyants peuvent partager des témoignages et des demandes de prière en toute sécurité.

Questions de réflexion

- Comment le Corps de votre église s'engage-t-il dans le combat spirituel ?

....

....

....

....

....

- Contribuez-vous activement par vos dons et vos prières à la santé de la communauté ?

....

....

....

....

● Quelles mesures votre église peut-elle prendre pour grandir en unité et en vigilance spirituelle ?

....

....

....

....

● Comment l'intercession corporative invite-t-elle une percée corporative au sein de l'Église ?

....

....

....

....

● Pourquoi est-il important que l'Église passe du statut de spectateurs passifs à celui de guerriers spirituels actifs ?

....

....

....

....

- De quelles manières les leaders devraient-ils équiper, et ne pas seulement encourager, le Corps de Christ ?

....

....

....

....

....

Exercices

1. **Soirée d'intercession d'église :** Assistez ou organisez une réunion de prière de groupe centrée sur le combat spirituel et l'intercession pour votre ville.

2. **Plan d'action pour l'unité :** Identifiez un conflit passé ou présent dans votre église ou ministère. Faites un pas vers la guérison ou le renforcement de l'unité cette semaine.

3. **Collaboration des dons :** Faites équipe avec quelqu'un dans votre église qui a un don spirituel différent du vôtre. Priez ou exercez le ministère ensemble.

Questions de discussion (en groupe)

- Comment la prière corporative a-t-elle impacté votre vie spirituelle ?

- De quelles manières votre église locale peut-elle devenir plus spirituellement alerte ?

- Quel est votre rôle dans le combat spirituel corporatif ?

Guide de prière

Prière pour l'Église en tant qu'armée :
« Seigneur, lève Ton Église comme une armée puissante. Unis nos cœurs dans l'amour, la vérité et le but. Que notre adoration soit un combat et nos prières, puissantes. Équipe nos leaders et nos membres pour tenir ferme et avancer ensemble. Rends-nous audacieux, remplis de l'Esprit et prêts pour la bataille. Au nom de Jésus, Amen. »

Thèmes abordés dans ce chapitre

- La puissance de la prière et de l'adoration corporatives

- L'unité comme stratégie défensive et offensive

- Le rôle du leadership pour équiper l'Église

- Les dons et ministères spirituels dans le combat corporatif

- Bâtir une culture de vigilance spirituelle

CHAPITRE 25 : SURMONTER LA FATIGUE SPIRITUELLE

Versets clés

- **Matthieu 11:28-30 (LSG)** — « Venez à moi, vous tous qui êtes fatigués et chargés, et je vous donnerai du repos. Prenez mon joug sur vous et recevez mes instructions, car je suis doux et humble de cœur ; et vous trouverez du repos pour vos âmes. »

- **Psaume 23:1-3 (LSG)** — « L'Éternel est mon berger... Il restaure mon âme... »

- **Ésaïe 40:29-31 (LSG)** — « Il donne de la force à celui qui est fatigué, et il augmente la vigueur de celui qui tombe en défaillance... mais ceux qui se confient en l'Éternel renouvellent leur force... »

- **Exode 33:14 (LSG)** — « Je marcherai moi-même avec toi, et je te donnerai du repos. »

Aperçu du sujet

Le combat spirituel peut être épuisant, laissant les croyants se sentir vidés, découragés ou déconnectés de Dieu. La fatigue spirituelle est une réalité naturelle, surtout lors de luttes prolongées. Ce chapitre se concentre sur la reconnaissance de l'épuisement spirituel, la compréhension de ses causes et l'application de stratégies bibliques pratiques pour restaurer la force et le renouvellement. En recherchant intentionnellement la présence de Dieu, en pratiquant des disciplines spirituelles restauratrices et en nourrissant l'âme, les croyants peuvent retrouver de la vitalité et être préparés pour les batailles futures.

Étude approfondie

1. Reconnaître la fatigue spirituelle

La fatigue spirituelle peut se manifester par un épuisement émotionnel, une perte de joie, une vie de prière réduite ou un sentiment de défaite. Les signes incluent :

- Se sentir dépassé par les disciplines spirituelles quotidiennes.

- Perte de motivation pour la prière, l'adoration ou le ministère.

- Douter de la présence ou de l'efficacité de Dieu.

- **Exemple :** Un croyant a prié fidèlement pendant des années sans percée visible et a commencé à se sentir spirituellement vide et découragé.

2. Les causes profondes de la lassitude

Identifier les causes aide à traiter efficacement la fatigue :

- **Isolement :** Affronter seul les batailles peut drainer la force.

- **Péché non résolu :** La culpabilité et la honte pèsent lourdement sur l'esprit.

- **Négligence du repos :** Le repos physique et spirituel est essentiel au renouvellement.

- **Découragement dû à des réponses retardées :** Attendre le timing de Dieu peut être épuisant.

- **Perspective pratique :**

  - Confessez et repentez-vous régulièrement des péchés cachés.

  - Bâtissez des liens communautaires de soutien.

  - Donnez la priorité au sabbat et aux pratiques restauratrices.

3. Exemples bibliques de restauration

La Bible montre comment Dieu restaure les croyants fatigués :

- **Élie :** Épuisé et découragé, Dieu l'a renouvelé avec de la nourriture, de l'eau et du repos (1 Rois 19:1-8).

- **David :** A exprimé sa lassitude et a recherché le renouvellement de Dieu par la prière et l'adoration (Psaume 42:1-5).

- **Jésus :** Se retirait pour prier et se reposer même au milieu du ministère et des épreuves (Luc 5:16).

- **Perspective pratique :** Réfléchissez à ces exemples et notez comment Dieu vous a restauré dans les luttes passées.

4. Stratégies pour le renouvellement

- **Dépendance quotidienne à Dieu :** Commencez chaque jour en recherchant la guidance et la force du Saint-Esprit (Ésaïe 40:31).

- **Prière et adoration :** Rafraîchissez l'âme par une prière concentrée et de la musique d'adoration.

- **Méditation des Écritures :** Mémorisez des passages qui apportent paix, espérance et encouragement.

- **Encouragement communautaire :** Partagez les luttes et recevez prière et conseils de croyants de confiance.

- **Soins physiques :** Accordez de l'importance au sommeil, à la nutrition et à un exercice léger pour soutenir la vitalité spirituelle et physique.

- **Exemple :** Une femme a institué une routine matinale de lecture biblique, d›adoration et d›une courte marche, ce qui a renouvelé son esprit et son énergie.

5. Vivre dans la présence soutenante de Dieu

- Faites confiance à la présence de Dieu pour restaurer votre force quotidiennement.

- Reconnaissez que de brefs temps de repos et de réflexion avec Lui vous fortifient pour les batailles futures.

- **Ésaïe 40:31** nous rappelle que ceux qui s›attendent à l›Éternel renouvellent leur force et prennent leur envol comme les aigles.

Questions de réflexion

- Quels domaines de votre vie spirituelle semblent les plus vidés ?

....

....

....

....

- Quelles pratiques vous aident à vous sentir restauré et connecté à Dieu ?

....

....

....

....

- Comment pouvez-vous intégrer un repos et un renouvellement intentionnels dans votre vie quotidienne ?

....

....

....

....

....

Exercices

1. **Inventaire de la fatigue :** Listez les symptômes de fatigue spirituelle que vous ressentez. Identifiez une mesure pratique pour y faire face cette semaine.

2. **Plan de repos et de ravitaillement :** Concoctez un « Jour de sabbat » ou une mini-retraite dans les trente prochains jours, incluant lecture biblique, adoration, repos et silence.

3. **Journal du renouvellement :** Chaque jour pendant une semaine, notez les façons dont Dieu a rafraîchi votre esprit ou répondu à vos prières, même de petites manières.

Questions de discussion (en groupe)

- Comment reconnaissez-vous la fatigue spirituelle en vous-même ou chez les autres ?

- Comment le repos et la restauration peuvent-ils être utilisés stratégiquement dans le combat spirituel ?

- À qui pouvez-vous vous adresser pour de la reddition de comptes et de l›encouragement quand vous êtes fatigué ?

Guide de prière

Prière pour le rafraîchissement et le renouvellement spirituel :
*« Seigneur, je confesse ma lassitude et Te demande Ta force qui renou-
velle. Restaure mon âme, ranime mon esprit et guide-moi dans Ta présence.
Aide-moi à prendre intentionnellement du temps pour me reposer en Toi, en
faisant confiance que même de brefs moments de réflexion et de prière me
renouvellent pour Ton œuvre. Amen. »*

Thèmes abordés dans ce chapitre

- Reconnaître la fatigue spirituelle

- Les causes profondes de la lassitude

- Exemples bibliques de restauration

- Stratégies pour le renouvellement

- Vivre dans la présence soutenante de Dieu

CHAPITRE 26 :
LA VICTOIRE EN CHRIST — VIVRE EN VAINQUEUR

Versets clés

- **1 Jean 5:4-5 (LSG)** — « ...et tout ce qui est né de Dieu triomphe du monde ; et la victoire qui triomphe du monde, c'est notre foi. Qui est celui qui triomphe du monde, sinon celui qui croit que Jésus est le Fils de Dieu ? »

- **Romains 8:37 (LSG)** — « Mais dans toutes ces choses nous sommes plus que vainqueurs par celui qui nous a aimés. »

Aperçu du sujet

La victoire ultime dans le combat spirituel se trouve en Jésus-Christ. Les croyants ne sont pas seulement appelés à survivre aux batailles ; nous sommes appelés à prospérer en tant que vainqueurs, incarnant l'autorité, la liberté et la puissance qui nous sont accordées par Christ. Notre identité de vainqueurs est fermement enracinée dans l'œuvre accomplie de Christ à la croix. La victoire n'est pas une aspiration lointaine. C'est une réalité présente que nous pouvons expérimenter quotidiennement.

En apprenant à marcher dans cette vérité, nous nous équipons pour surmonter les attaques spirituelles et, à notre tour, habilitons les autres à faire de même. Ce chapitre souligne l'importance d'embrasser notre identité en Christ, de vivre constamment dans la victoire et d'encourager activement nos frères et sœurs à tenir ferme dans leur foi. En reconnaissant qui nous sommes en Lui, nous pouvons naviguer dans les défis de la vie avec assurance et force, sachant que nous sommes plus que vainqueurs par Celui qui nous a aimés.

Étude approfondie

1. Comprendre notre identité de vainqueurs

En tant que croyants nés de nouveau, notre position est sûre en Christ. Nous ne sommes plus esclaves du péché, de la peur ou des mensonges de l'ennemi.

Vérités clés

- Nous sommes enfants de Dieu, aimés et acceptés (Jean 1:12).

- Il nous a été donné autorité sur toute la puissance de l'ennemi (Luc 10:19).

- La victoire ne dépend pas de notre force mais de l'œuvre accomplie de Christ.

- **Exemple :** Une croyante luttant contre la condamnation s›est rappelée de **Romains 8:1** — *« Il n›y a donc maintenant aucune condamnation pour ceux qui sont en Jésus-Christ. »* — ce qui a changé son état d›esprit et renforcé sa foi.

2. Vivre quotidiennement dans la victoire

La victoire est un choix quotidien de tenir ferme, de résister à l'ennemi et de marcher dans l'obéissance.

Pratiques pour maintenir la victoire

- Prière régulière et dépendance du Saint-Esprit.

- Proclamer avec hardiesse la Parole de Dieu contre les mensonges et la peur.

- Maintenir un style de vie de sainteté et de repentance.

- **Exemple :** Un homme aux prises avec la tentation s›est engagé dans une confession quotidienne et une déclaration des Écritures, menant à une liberté durable.

3. Vaincre par la foi

La foi est la clé pour accéder à la victoire.

- **Hébreux 11:1 (LSG)** — « Or la foi est une ferme assurance des choses qu›on espère, une démonstration de celles qu›on ne voit pas. »

- **Perspective pratique :**

  - Fiez-vous aux promesses de Dieu même quand les circonstances semblent sombres.

  - Rappelez-vous les témoignages de la fidélité de Dieu pour bâtir la confiance.

---

4. Encourager les autres à tenir ferme

La victoire n'est pas seulement personnelle ; elle est communautaire.

Encouragement

- Partager des témoignages de la délivrance de Dieu.

- Prier avec et pour les autres croyants.

- Faire du mentorat auprès de nouveaux croyants dans leur marche de foi.

- **Exemple :** Un petit groupe partage régulièrement des percées dans la prière, s›encourageant mutuellement à persévérer.

---

5. La perspective éternelle

Notre victoire ultime sera pleinement réalisée quand Christ reviendra.

Encouragement

- Gardez les yeux sur la récompense éternelle (Apocalypse 21:7).

- Vivez avec espérance et attente.

- Embrassez-vous pleinement votre identité de vainqueur en Christ ?

....

....

....

....

- Comment pouvez-vous marcher avec plus d'assurance dans la victoire quotidienne ?

....

....

....

....

- De quelles manières pouvez-vous encourager les autres dans leurs batailles ?

....

....

....

....

- Que signifie combattre *à partir de* la victoire plutôt que combattre *pour* la victoire ?

....

....

....

....

- Comment votre foi détermine-t-elle votre concentration dans les batailles spirituelles ou personnelles ?

....

....

....

....

- En quoi aider les autres à gagner fait-il partie de votre appel en tant que vainqueur ?

....

....

....

....

Exercices

1. **Journal de la victoire :** Écrivez un témoignage d›un moment où vous avez surmonté une situation difficile par la foi. Relisez-le pendant les périodes difficiles.

2. **Action d›encouragement :** Choisissez quelqu›un qui est dans un combat spirituel. Écrivez-lui un mot, envoyez un message ou appelez-le pour l›encourager avec une Écriture.

3. **Déclarations de foi :** Rédigez et prononcez quotidiennement des déclarations de foi qui affirment votre identité en Christ et Ses promesses.

Questions de discussion (en groupe)

- Que signifie concrètement être un vainqueur ?

- Comment la foi vous aide-t-elle à maintenir une perspective victorieuse ?

- De quelles manières pouvez-vous aider les autres à marcher dans la victoire ?

Guide de prière

Prière de victoire et d'encouragement :

« Père, merci qu'en Christ je suis un vainqueur. Aide-moi à marcher chaque jour dans cette vérité et à ne pas être influencé par les circonstances. Fortifie ma foi, renouvelle mon intelligence et utilise-moi pour encourager les autres. Donne-moi une perspective éternelle qui m'élève au-dessus de toute bataille. Au nom de Jésus, Amen. »

Thèmes abordés dans ce chapitre

- Comprendre notre identité de vainqueurs

- Vivre quotidiennement dans la victoire

- Vaincre par la foi

- Encourager les autres à tenir ferme

- La perspective éternelle

CHAPITRE 27 :
LE RÔLE DE L'ÉGLISE DANS LE COMBAT SPIRITUEL

- **Éphésiens 6:12 (LSG)** — *« Car nous n›avons pas à lutter contre la chair et le sang, mais contre les dominations, contre les autorités, contre les princes de ce monde de ténèbres, contre les esprits méchants dans les lieux célestes. »*

- **Matthieu 18:19-20 (LSG)** — *«Je vous dis encore que, si deux d›entre vous s›accordent sur la terre pour demander une chose quelconque, elle leur sera accordée par mon Père qui est dans les cieux. Car là où deux ou trois sont assemblés en mon nom, je suis au milieu d›eux. »*

Aperçu du sujet

Le combat spirituel est un aspect significatif de notre foi qui transcende les luttes individuelles ; c'est une entreprise collective qui met en lumière le rôle de l'Église en tant que Corps de Christ. Lorsque les croyants s'unissent dans le but, l'amour et la prière, ils accèdent à une synergie puissante contre l'ennemi. L'efficacité de cette bataille collective repose sur des éléments clés comme l'accord, le discernement et l'activation des dons spirituels au sein de la communauté.

La division, en revanche, affaiblit notre capacité à affronter les défis, tandis que l'unité peut amplifier notre efficacité et notre impact spirituels. Ce chapitre explore comment favoriser l'unité, s'engager dans la prière et pratiquer l'intercession de manière collective habilite les croyants à faire face aux ténèbres plus efficacement, illustrant la force trouvée dans l'union alors que nous tenons ferme dans la foi.

En adoptant cette approche collective du combat spirituel, nous fortifions non seulement l'Église, mais nous créons aussi un environnement qui favorise la croissance, la reddition de comptes et la victoire en Christ.

Étude approfondie

1. Comprendre le combat spirituel collectif

L'ennemi cible souvent l'Église pour perturber les desseins de Dieu. Les batailles spirituelles menées dans l'unité sont plus puissantes que celles menées seules.

Exemples bibliques

- L'Église primitive dans Actes se rassemblait continuellement dans la prière, entraînant hardiesse et miracles (Actes 4:31).

- Les murailles de Jérusalem tombèrent quand le peuple pria et jeûna ensemble (Néhémie 4:9).

- **Perspective pratique :**

    - Recherchez l'unité et la réconciliation au sein du Corps de votre église locale.

    - Engagez-vous dans la prière et le jeûne collectifs pour des percées spirituelles.

2. La puissance de l'accord

Jésus promet que lorsque les croyants s'accordent dans la prière, des résultats puissants s'ensuivent.

Points clés

- L'accord libère l'autorité spirituelle.

- La foi collective peut briser des forteresses et apporter le réveil.

- **Exemple :** Une équipe de prière s›est accordée de manière persistante dans la prière pour une communauté ravagée par la

violence. Avec le temps, les taux de criminalité ont baissé et des vies
ont été transformées.

---

3. L'intercession comme arme collective

La prière d'intercession implique de se tenir dans la brèche pour les autres
et pour la communauté de l'église.

Comment développer l'intercession collective

- Organisez des groupes de prière axés sur le combat spirituel.

- Utilisez des prières basées sur les Écritures pour déclarer les
  promesses de Dieu sur votre ville ou votre église.

- Formez les membres au discernement spirituel pour prier
  efficacement.

---

4. Les dons et les ministères spirituels dans le Corps de l'Église

Chaque croyant contribue au combat spirituel par ses dons et ses ministères.

Dons clés dans le combat collectif

- **Prophétie** pour exposer les mensonges et guider la direction.

- **Guérison** pour restaurer et fortifier le corps.

- **Ministères de délivrance** pour libérer les captifs.

- **Perspective pratique :**

  - Encouragez et soutenez des ministères diversifiés dans
    votre église.

○ Servez ensemble pour bâtir une communauté spirituelle forte.

---

5. Résister à la division et renforcer l'unité

La division affaiblit l'Église et ouvre des portes à l'ennemi.

Stratégies pour promouvoir l'unité

- Pratiquez l'humilité et le pardon.

- Concentrez-vous sur des objectifs et une mission communs.

- Célébrez la diversité au sein du Corps.

- **Exemple :** Une congrégation divisée a connu une discorde et des attaques spirituelles accrues jusqu›à ce qu›elle s›engage dans la réconciliation et l›unité, après quoi la paix et la croissance ont suivi.

Questions de réflexion

- À quel point participez-vous activement aux efforts de combat spirituel de votre église ?

....

....

....

....

....

- Quel rôle pouvez-vous jouer pour promouvoir l'unité et la prière collective ?

- Comment vos dons peuvent-ils servir le Corps dans ces batailles ?

- Comment l'unité dans la prière apporte-t-elle une puissance spirituelle exponentielle ?

- De quelles manières Dieu œuvre-t-Il puissamment quand l'Église prie et agit comme un seul ?

....

....

....

....

- Pourquoi la désunion perturbe-t-elle le destin, et comment pouvez-vous garder votre cœur et vos relations ?

....

....

....

....

Exercices :

1. **Audit d'unité :** Réfléchissez à tout conflit non résolu ou à toute division au sein de votre église ou cercle ministériel. Demandez à Dieu de la sagesse et faites un pas vers la réconciliation.

2. **Groupe d'intercession :** Rejoignez ou formez un groupe de prière engagé dans une intercession hebdomadaire pour votre église, votre ville ou votre nation.

3. **Activation du don :** Identifiez votre/vos don(s) spirituel(s) et une

façon dont vous pouvez les utiliser au sein de votre église locale ce mois-ci pour fortifier les autres.

Questions de discussion (en groupe)

- Quel rôle joue l'unité dans un combat spirituel efficace ?

- Comment l'église locale peut-elle s'améliorer dans l'intercession collective ?

- Quelles sont certaines façons de surmonter la division au sein de l'Église ?

Guide de prière

Prière pour l'unité de l'Église et l'alignement spirituel :
« Père, unis Ton Église sous la bannière de Christ. Enseigne-nous à combattre ensemble dans l'amour et la vérité. Que l'accord soit notre force, et que Ton Esprit guide nos prières et nos actions. Guéris toute division et revêts-nous de hardiesse pour faire avancer Ton Royaume ensemble. Au nom de Jésus, Amen. »

Thèmes abordés dans ce chapitre

- Comprendre le combat spirituel collectif

- La puissance de l'accord

- L'intercession comme arme collective

- Les dons et les ministères spirituels dans le Corps de l'Église

- Résister à la division et renforcer l'unité

CHAPITRE 28 :
LA PERSÉVÉRANCE ET L'ESPÉRANCE DANS LE COMBAT SPIRITUEL

Versets clés

- **Jacques 1:12 (LSG)** — *« Heureux l'homme qui supporte patiemment la tentation ; car, après avoir été éprouvé, il recevra la couronne de vie, que le Seigneur a promise à ceux qui l'aiment. »*

- **Romains 12:12 (LSG)** — *« Réjouissez-vous en espérance. Soyez patients dans l'affliction. Persévérez dans la prière. »*

- **Hébreux 10:36 (LSG)** — *« Car vous avez besoin de persévérance, afin qu'après avoir accompli la volonté de Dieu, vous obteniez ce qui vous est promis. »*

Aperçu du sujet

Le combat spirituel est effectivement un voyage exigeant et prolongé, nous rappelant qu'il requiert souvent une endurance et une persévérance significatives. Tout comme dans un marathon, nous devons nous engager pour le long terme, cherchant continuellement force et espérance au milieu des épreuves et des revers. Il est essentiel pour nous, en tant que soldats de Christ, de demeurer fermes et fidèles, nous confiant dans les promesses que Dieu nous a faites.

Ce chapitre souligne l'importance de cultiver la persévérance et l'espérance fondées sur Sa Parole. En nous accrochant à ces promesses, nous pouvons développer une résilience spirituelle, qui nous permet d'affronter les difficultés avec assurance. Finalement, nous pouvons être assurés de la victoire qui vient par Christ, sachant que nos luttes ne sont pas vaines.

Sous cet éclairage, nous pouvons nous encourager mutuellement à rester concentrés sur la ligne d'arrivée, nous rappelant la grande récompense qui attend ceux qui maintiennent leur foi face à l'adversité. Continuons à cultiver notre endurance, à nourrir notre espérance et à nous confier dans les promesses immuables de Dieu alors que nous naviguons à travers les batailles à venir.

Étude approfondie

1. La nécessité de la persévérance

Les batailles spirituelles peuvent durer des jours, des mois, voire des années. Persévérer signifie continuer à tenir ferme malgré les difficultés.

Exemples bibliques

- L'endurance de Job à travers d'immenses souffrances (Job 1-2).

- Les multiples emprisonnements et épreuves de Paul (2 Corinthiens 11:23-28).

- **Perspective pratique :**

    - Reconnaissez que la persévérance affine la foi et le caractère.

    - Célébrez les petites victoires pour rester motivé.

2. L'espérance comme ancre

L'espérance soutient les croyants en se concentrant sur les promesses de Dieu plutôt que sur les circonstances présentes.

- **Hébreux 6:19 (LSG)** — « Cette espérance, nous la possédons comme une ancre de l'âme, sûre et solide... »

- **Conseils pratiques :**

    - Méditez régulièrement sur les promesses de délivrance de Dieu.

    - Utilisez l'adoration et la louange pour élever votre esprit pendant les moments difficiles.

3. La fidélité dans la prière

Une prière constante est vitale pour l'endurance dans le combat spirituel.

Conseils pour maintenir une vie de prière

- Fixez des temps de prière réguliers — même des moments courts mais fréquents.

- Utilisez les Écritures comme fondement de vos prières.

- Joignez-vous à des partenaires ou groupes de prière pour un encouragement mutuel.

4. Surmonter le découragement et l'épuisement

Le découragement peut être une tactique de l'ennemi pour amener les croyants à abandonner.

Stratégies

- Restez connecté à la communauté pour du soutien.

- Prenez du repos spirituel et physique quand c'est nécessaire.

- Rappelez-vous les victoires passées et la fidélité de Dieu.

- **Exemple :** Une femme se sentait submergée par des attaques spirituelles jusqu'à ce qu'un mentor l'encourage à se reposer et à se souvenir des délivrances passées de Dieu dans sa vie.

5. Fixer vos regards sur la récompense éternelle

Comprendre que nos luttes présentes sont temporaires aide les croyants à persévérer.

- **2 Corinthiens 4:17-18 (LSG)** — « Car nos légères afflictions du moment présent produisent pour nous, au-delà de toute mesure, un poids éternel de gloire... »

- **Encouragement :**

    - Fixez vos yeux sur le prix éternel.

    - Vivez avec espérance et attente du retour de Christ.

Versets clés à mémoriser

- Jacques 1:12

- Romains 12:12

- Hébreux 6:19

- 2 Corinthiens 4:17-18

Questions de réflexion

- Comment réagissez-vous quand les batailles spirituelles semblent longues ou difficiles ?

● Quelles mesures pratiques pouvez-vous prendre pour cultiver la perséverance et l'espérance aujourd'hui ?

....

....

....

....

....

● Comment pouvez-vous encourager les autres qui sont fatigués dans le combat ? Le découragement est naturel mais n'est pas définitif — Dieu donne de la grâce pour chaque jour.

....

....

....

....

● Comment l'endurance se construit-elle pas à pas à travers les habitudes spirituelles et l'espérance ?

....

....

....

....

De quelles manières une perspective éternelle change-t-elle notre approche des batailles d'aujourd'hui ?

....

....

....

....

....

Exercices

1. **Rappel d'espérance :** Notez cinq promesses de Dieu qui vous donnent de l'espérance. Gardez-les dans un endroit visible cette semaine.

2. **Plan de constance dans la prière :** Choisissez un moment précis chaque jour pour prier pour l'endurance et la force. Suivez votre constance pendant sept jours.

3. **Journal de perspective éternelle :** Réfléchissez à la façon dont votre bataille spirituelle actuelle pourrait paraître différente à la lumière de l'éternité. Que vous diriez-vous à vous-même dans dix ans à propos de la lutte d'aujourd'hui ?

Questions de discussion (en groupe)

- Qu'est-ce qui vous a aidé à persévérer dans des saisons difficiles ?

- Comment l'Église peut-elle encourager la fidélité à long terme ?

- Quel rôle joue la récompense éternelle dans les décisions quotidiennes ?

Guide de prière

Prière pour la persévérance et l'espérance :
« Seigneur, fortifie-moi pour persévérer quand je me sens faible. Que l'espérance s'élève dans mon cœur et que la fidélité marque mon parcours. Enseigne-moi à persévérer dans la prière et à marcher avec endurance, regardant toujours à la joie qui est devant moi. Aide-moi à vivre avec l'éternité en vue et à ne pas abandonner. Au nom de Jésus, Amen. »

Thèmes abordés dans ce chapitre

- La nécessité de la persévérance

- L'espérance comme une ancre

- La fidélité dans la prière

- Surmonter le découragement et l'épuisement

- Fixer vos regards sur la récompense éternelle

CHAPITRE 29 : LA VICTOIRE DU CHRIST ET NOTRE POSITION EN LUI

Versets clés

- **Colossiens 2:15 (LSG)** — « Il a dépouillé les dominations et les autorités, et les a livrées publiquement en spectacle, en triomphant d›elles par la croix. »

- **1 Corinthiens 15:57 (LSG)** — « Mais grâces soient rendues à Dieu, qui nous donne la victoire par notre Seigneur Jésus-Christ ! »

Aperçu du sujet

Le fondement de la victoire de chaque croyant dans le combat spirituel est l'œuvre accomplie de Jésus-Christ à la croix. Le combat spirituel se conclut par la victoire parce que Christ a déjà triomphé de tout obstacle. Notre force est enracinée dans la compréhension et l'alignement avec la vérité de ce que Christ a accompli par Son sacrifice. Ce chapitre explore l'importance de la victoire de Christ sur le péché, la mort et les forces démoniaques, soulignant comment la reconnaissance de notre identité et de notre position en Lui nous équipe pour nous engager avec autorité et assurance.

Étude approfondie

1. Le triomphe de Christ sur l'ennemi

La mort et la résurrection de Jésus furent des défaites décisives sur Satan et toutes les forces spirituelles opposées au Royaume de Dieu.

- **Colossiens 2:15** révèle que Jésus a dépouillé les dominations et les autorités.

- La croix n'est pas seulement un symbole de sacrifice, mais une déclaration de victoire.

- **Exemple :** La résurrection a transformé le désespoir des disciples en une proclamation hardie de l›Évangile, vainquant la peur et la mort.

2. Notre position « en Christ »

Les croyants sont unis à Christ dans Sa victoire.

- **Romains 6:6-7** parle d›être crucifiés avec Christ pour que la puissance du péché soit brisée.

- **Éphésiens 2:6** déclare que les croyants sont assis avec Christ dans les lieux célestes.

- **Perspective pratique :**

  - Marchez chaque jour en vous rappelant votre autorité en tant que personne assise avec Christ.

  - Tenez ferme dans la vérité que le péché et l'ennemi ont été vaincus en votre faveur.

3. Marcher dans l'autorité et l'assurance

Connaître la victoire de Christ devrait conduire à la hardiesse dans les combats spirituels.

- Utilisez le nom de Jésus avec assurance (Philippiens 2:9-11).

- Déclarez hardiment les Écritures comme votre autorité (Luc 10:19).

- **Exemple :** Les premiers croyants ont fait face à la persécution avec courage parce qu›ils comprenaient que leur victoire était assurée en Christ.

4. Vivre à partir de la victoire, non de la victimisation

Il est essentiel de rejeter un état d'esprit de défaite et d'embrasser l'identité de vainqueur.

- **1 Jean 5:4-5** — « Tout ce qui est né de Dieu triomphe du monde. »

- La victoire ne consiste pas à ne jamais affronter d'épreuves, mais à prévaloir par Christ.

- **Exercice pratique :**

  - Notez les Écritures clés sur la victoire et méditez-les quotidiennement.

  - Remplacez les pensées négatives ou craintives par des vérités sur votre position en Christ.

---

5. La gloire future et la défaite ultime du mal

Bien que la victoire soit déjà remportée, les croyants anticipent le retour final de Christ, quand le mal sera pleinement éradiqué.

- **Apocalypse 20:10** décrit la défaite ultime de Satan.

- Cette espérance fortifie les croyants pour persévérer.

Questions de réflexion

- Comment la compréhension de la victoire de Christ impacte-t-elle votre assurance dans le combat spirituel ?

....

....

....

....

....

- Vivez-vous quotidiennement à partir d'un lieu de victoire ou de victimisation ?

....

....

....

....

- Comment pouvez-vous encourager les autres à embrasser leur identité « en Christ » ?

....

....

....

....

- Comment le fait de savoir que Jésus a déjà gagné toutes les batailles affecte-t-il votre façon d'affronter les défis ?

....

....

....

....

● De quelles manières votre autorité vient-elle de votre position en Christ plutôt que de votre propre force ?

....

....

....

....

● Comment votre marche quotidienne peut-elle refléter l'assurance qui vient de l'œuvre accomplie de Christ ?

....

....

....

....

Exercices

1. **Déclarations d'identité victorieuse :** Écrivez trois déclarations sur votre autorité et votre identité en Christ. Dites-les chaque jour.

2. **Cartographie scripturaire :** Étudiez **Colossiens 2:13-15** et listez chaque action que Christ a entreprise en votre faveur. Méditez dessus.

3. **Vérification de la perspective de victoire :** Notez dans un

journal les domaines où vous avez vécu avec un état d›esprit de défaite. Remplacez-le par la vérité des Écritures.

Questions de discussion (en groupe)

- Que signifie être « assis avec Christ » ?

- Comment pouvons-nous passer d'un état d'esprit de victimisation à la victoire ?

- Comment la victoire ultime de Christ devrait-elle influencer notre engagement dans le combat spirituel aujourd'hui ?

Guide de prière

Prière de victoire et d'autorité :

« Jésus, merci d'avoir vaincu l'ennemi et de m'avoir libéré. Aide-moi à vivre avec hardiesse à partir de la victoire de la croix. Enlève tout état d'esprit de victime de ma vie et remplis-moi de courage, de foi et de perspective céleste. Permets-moi de marcher dans Ton autorité, sachant que Tu as triomphé pour toujours. En Ton nom je prie, Amen. »

Thèmes abordés dans ce chapitre

- Le triomphe de Christ sur l'ennemi

- Notre position « en Christ »

- Marcher dans l'autorité et l'assurance

- Vivre à partir de la victoire, non de la victimisation

- La gloire future et la défaite ultime du mal

CHAPITRE 30 :
ÉQUIPER LA PROCHAINE GÉNÉRATION POUR LE COMBAT SPIRITUEL

Versets clés

- **2 Timothée 2:2 (LSG)** — « Et ce que tu as entendu de moi en présence de beaucoup de témoins, confie-le à des hommes fidèles, qui soient capables de l›enseigner aussi à d›autres. »

- **Deutéronome 6:6-7 (LSG)** — « Et ces commandements, que je te donne aujourd›hui, seront dans ton cœur. Tu les inculqueras à tes enfants... »

Aperçu du sujet

Le combat spirituel s'étend au-delà de nos parcours individuels ; nous devons assumer la responsabilité de faire des disciples et d'influencer les autres, en particulier la prochaine génération, les aidant à demeurer fermes dans le Seigneur et à adhérer à la vérité. Transmettre les connaissances, les outils et les pratiques spirituelles nécessaires pour un combat spirituel efficace est essentiel à la santé et à la croissance de l'Église. En nous concentrant sur le mentorat, l'enseignement et l'habilitation des jeunes croyants, nous pouvons cultiver un héritage durable de foi, de courage et de victoire. Ce chapitre souligne l'importance du transfert générationnel, de l'établissement de fondations solides dans la foi dès le début, de l'encouragement, de la hardiesse et de la promotion d'une culture de soutien qui favorise la résilience spirituelle.

Étude approfondie

1. L'importance du mentorat et du discipulat

Les compétences du combat spirituel s'apprennent mieux en communauté par l'exemple, l'enseignement et la pratique.

- Le mentorat de Paul envers Timothée souligne la valeur d'une formation intentionnelle.

- Les mentors apportent sagesse, encouragement et reddition de comptes.

- **Perspective pratique :**

  - Trouvez des mentors qui font preuve de maturité spirituelle.

  - Si vous êtes mature, investissez dans les jeunes croyants avec patience et amour.

2. Enseigner tôt les fondements bibliques

Ancrer les jeunes croyants dans les Écritures et les réalités spirituelles prévient la tromperie.

- Enseignez l'Armure de Dieu (Éphésiens 6) comme une pratique quotidienne.

- Encouragez la connaissance des promesses de Dieu et de la puissance de la prière.

- **Exemple :** Les jeunes leaders doivent intégrer la mémorisation des Saintes Écritures et des exercices de prière dans les réunions hebdomadaires, permettant de construire ainsi la confiance et la sensibilité spirituelle chez les adolescents.

3. Encourager l'audace et la foi

La prochaine génération doit apprendre à tenir ferme et à combattre avec assurance.

- Partagez des témoignages de victoire pour inspirer le courage.

- Créez des espaces sûrs pour que les jeunes osent marcher par la foi et exercent leurs dons spirituels.

- **Conseil pratique :**

  - Encouragez les jeunes à prier à haute voix, à s'engager dans l'intercession et à pratiquer le discernement.

4. Affronter les défis modernes

Les jeunes croyants d'aujourd'hui font face à des défis uniques, notamment les distractions numériques, le relativisme spirituel et la pression culturelle.

- Enseignez le discernement concernant les médias et l'influence des pairs.

- Équipez-les avec des outils pratiques pour le combat spirituel au quotidien.

- **Exemple :** Un mentor aide les jeunes adultes à fixer des limites sur les réseaux sociaux et à utiliser des applications de prière pour maintenir leur relation avec Dieu.

5. Développer une culture de soutien et de responsabilité

La communauté et le soutien des pairs sont cruciaux pour maintenir la santé spirituelle.

- Encouragez les petits groupes, les équipes de prière et les partenariats de responsabilité.

- Encouragez la confession, l'encouragement et la prière mutuelle.

- **Modèle scripturaire : Ecclésiaste 4:9-12** souligne la force trouvée dans la compagnie.

- Êtes-vous activement impliqué dans le mentorat ou êtes-vous mentoré ?

- Comment pouvez-vous contribuer à équiper les autres pour le combat spirituel ?

- Quelles mesures pouvez-vous prendre pour favoriser la foi et la hardiesse dans la prochaine génération ?

- Comment êtes-vous appelé à transmettre ce que Dieu vous a enseigné à d'autres ?

- Pourquoi le discipulat est-il à la fois intentionnel et relationnel ?

- De quelles manières faut-il une communauté pour élever des croyants spirituellement matures ?

Exercices

1. **Schéma de mentorat :**

   - Listez trois personnes dans votre vie qui vous ont mentoré ou influencé dans votre marche spirituelle.

   - Identifiez une personne que vous pourriez mentorer ou encourager dans le combat spirituel.

   - Notez une mesure pratique que vous pouvez prendre cette semaine pour vous connecter avec cette personne.

2. **Mémorisation de l'Armure de Dieu :**

   - Mémorisez **Éphésiens 6:10-18** au cours de la semaine prochaine.

   - Chaque jour, concentrez-vous sur une pièce de l'armure, en réfléchissant à sa signification et à son application dans votre vie.

3. **Évaluation de l'utilisation des médias et des distractions:**

   - Tenez un journal pendant trois jours pour suivre votre consommation médiatique (réseaux sociaux, télé, musique).

   - Identifiez tout contenu qui pourrait affaiblir votre concentration spirituelle.

   - Créez un plan personnel pour remplacer ce temps par la prière, la lecture des Saintes Écritures ou par l'adoration.

4. **Pratique de la hardiesse :**

   - Trouvez un ami ou un groupe de confiance et pratiquez la prière à haute voix, partager brièvement un témoignage ou la déclaration d'une Écriture.

○　Réfléchissez à ce que vous avez ressenti en faisant ce pas de foi et à ce que vous avez appris.

5.　**Bâtisseur de culture :** Réfléchissez à la façon dont votre environnement d'église ou familial peut mieux soutenir la croissance spirituelle de la prochaine génération.

Questions de discussion :

1. Pourquoi le mentorat est-il important dans le combat spirituel ? Comment peut-il impacter à la fois le mentor et le mentoré ?

2. Quels sont certains défis auxquels les jeunes croyants font face aujourd'hui dans leurs combats spirituels ?

3. Comment pouvons-nous créer des environnements sûrs pour que les jeunes et les nouveaux croyants pratiquent leur foi avec hardiesse ?

4. De quelles manières pouvons-nous nous encourager mutuellement à rester vigilants et forts dans la prière et les Écritures ?

5. En quoi la mémorisation des Saintes Écritures vous habilite-t-elle dans le combat spirituel ?

Guide de prière

- **Pour les mentors et les leaders :**
  « Seigneur, suscite des mentors et des leaders spirituels qui guideront fidèlement la prochaine génération dans la vérité et la hardiesse. Donne-leur la sagesse, la patience et l'amour. »

- **Pour la prochaine génération :**
  « Père, fortifie les jeunes croyants par Ton Esprit. Aide-les à connaître leur identité en Christ, à tenir ferme contre l'ennemi et à marcher avec hardiesse et foi. »

- **Pour la protection et le discernement :**
  « Jésus, garde les cœurs et les intelligences des jeunes. Aide-les à discerner la vérité du mensonge et à éviter les distractions qui affaiblissent leur marche avec Toi. »

- **Pour avoir le courage d'agir :**
  « Saint-Esprit, remplis-nous de courage pour prier à haute voix, partager nos témoignages et utiliser les dons que Tu nous as donnés pour Ta gloire. »

- **Pour l'unité et la responsabilité :**
  « Dieu, construis des communautés fortes où les croyants s'encouragent, se soutiennent et se tiennent mutuellement responsables dans l'amour. »

- **Prière personnelle de mentor :**
  « Père, merci de me confier l'appel à faire des disciples. Donne-moi la sagesse, la patience et l'amour pour guider ceux qui m'entourent vers une vérité et une liberté plus profondes. Aide-moi à être un exemple d'audace et de foi, et à élever des leaders qui se multiplieront pour Ton Royaume. Au nom de Jésus, Amen. »

Thèmes abordés dans ce chapitre

- L'importance du mentorat et du discipulat

- Enseigner tôt les fondements bibliques

- Encourager l'audace et la foi

- Affronter les défis modernes

- Développer une culture de soutien et de responsabilité

Mon Témoignage

Ma vie se passait à merveille. J'ai rencontré mon mari, et nous nous sommes mariés. Cependant, après la naissance de notre quatrième enfant, je suis tombée malade. Au début, je pensais que c'était quelque chose de normal, quelque chose qui arrive, mais au fond de moi, je sentais que ce n'était pas le cas.

Extérieurement, tout semblait normal, mais sans le savoir, j'étais entrée dans une guerre spirituelle dans laquelle je n'étais pas préparée.

Pendant près de huit ans, j'ai souffert. Je ne pouvais pas travailler et je vivais une douleur profonde, physiquement, émotionnellement et spirituellement. Mais, même pendant mes moments les plus sombres, le Seigneur a pourvu à mes besoins et à ceux de ma famille. Quand j'ai réalisé qu'il ne s'agissait pas simplement d'un problème de santé, mais d'une bataille spirituelle, j'ai commencé à chercher Dieu plus ardemment.

J'ai grandi dans un foyer chrétien, et ma mère emmenait fidèlement mes frères et sœurs et moi à l'église, pas seulement le dimanche, mais dans divers services, en particulier les services de jeûne. Mon défunt père nous dirigeait dans des dévotions nocturnes. Je croyais que je servais Dieu de tout mon cœur, mais j'ai réalisé plus tard qu'il y avait des portes ouvertes dans ma vie par lesquelles l'ennemi avait accès. Des personnes qui ignoraient mes luttes m'ont pris pour cible en fonction de leurs ambitions égoïstes et même maléfiques.

Quelques mois après ma blessure, le Seigneur m'a incitée à lancer une ligne de prière. Alors que je me rapprochais de Dieu, que je priais davantage, que je lisais davantage ma Bible et que je jeûnais régulièrement, ma vie a commencé à changer. Un jour, un ami m'a appelée pour m'informer d'un programme de doctorat dont il pensait que je pourrais bénéficier. Malgré mes problèmes de santé, je me suis sentie obligée de le poursuivre. J'ai contracté un prêt et je me suis inscrite à ce programme d'étude. Le voyage a été difficile.

Avant de commencer le programme de doctorat, j'ai subi deux opérations, une au genou et une à l'épaule. L'opération de l'épaule a causé des douleurs nerveuses dans ma main, qui a ensuite été diagnostiquée comme un syndrome du canal carpien. Le spécialiste de la main m'a recommandé une intervention chirurgicale, ce que j'ai refusé. On m'a également dit que j'avais besoin d'une opération du dos, ce que j'ai également refusé. Même avec les cours en ligne, j'avais du mal à rester assise assez longtemps pour terminer les devoirs. La plupart du temps, je travaillais allongée sur le dos avec mon ordinateur sur un oreiller.

Le retour à l'école est devenu un projet familial, et c'était incroyablement difficile. Il y a eu beaucoup de jours où j'ai pleuré et voulu abandonner. Pourtant, Dieu m'a entourée de personnes qui avaient suivi des chemins similaires et de fidèles guerriers de la prière qui m'ont encouragée à continuer.

Le 15 juin 2023, j'ai rendu visite à mon médecin du dos à l'hôpital de l'Université de Miami avec mon mari, il m'a dit : « Il n'y a rien d'autre que nous puissions faire. Vous devez juste apprendre à vivre avec la douleur. » Ce jour-là, j'ai réalisé qu'il ne s'agissait pas seulement d'une bataille médicale, mais d'une bataille spirituelle.

Ce jour-là même, j'ai décidé de retourner au travail. Bien que j'aie encore mal, j'ai fait un rêve où j'ai compris que Dieu me disait : « Retourne au travail, et je te guérirai. » Je me suis accrochée à cette promesse et j'ai marché dans l'obéissance.

Août est le mois de la restauration et de la restitution, j'ai donc commencé à postuler à des postes d'enseignant. Comme je n'avais pas été en classe depuis des années, j'ai accepté un poste de remplaçante pour tester mes forces. La douleur était si intense que je pensais qu'elle allait me briser. Je pleurais constamment, mais j'ai continué.

Le troisième jour de remplacement, un ami m'a appelé et m'a dit : « J'ai fait un rêve à ton sujet. Tu ramassais du foin. » J'ai immédiatement compris : c'était le temps de la récolte. J'ai arrêté d'aller à l'école où j'étais remplaçante et j'ai attendu Dieu.

Peu de temps après, une autre amie a mentionné qu'une sœur de mon église me demandait, affirmant qu'un emploi m'attendait à l'avenir. Le samedi suivant, j'ai reçu un courriel d'une école m'informant que j'avais été embauchée. J'ai accepté le poste parce que Dieu avait parlé, et en tant qu'enfant de Dieu, c'est tout ce dont nous avons besoin.

La première année a été difficile. Sachant que l'ennemi voulait me détruire, je suis restée ferme dans la prière. L'ennemi a essayé toutes les tactiques pour me faire tout perdre, mais mon Dieu fidèle, celui qui ne manque jamais, m'a sauvée.

Chaque jour, je pleurais en allant et en revenant du travail. Quand je rentrais à la maison, je ne pouvais même pas me rendre dans ma chambre ; je devais plutôt m'allonger sur le canapé. Je comptais sur des médicaments puissants pour passer la journée. Pourtant, Dieu a pourvu. L'école a affecté une assistante pédagogique pour m'aider, et ma gentillesse l'a incitée à partager avec d'autres la façon dont je la traitais avec compassion. Au fur et à mesure qu'elle répandait la nouvelle, de plus en plus de personnes se sont manifestées pour m'aider. La gentillesse est très importante !

En août 2024, j'ai fièrement obtenu mon doctorat de l'Université St. Thomas. Tout comme les paroles de Joseph dans Genèse 50:20 disent : « Vous aviez l'intention de me faire du mal, mais Dieu l'a transformé en bien pour accomplir ce qui se fait maintenant, le salut de nombreuses vies. » Dieu a transformé ma douleur, mes revers et mes luttes en quelque chose de bien.

Pour conclure, je veux vous laisser avec cet encouragement final : La vie n'est pas toujours facile. Vous ferez face à des situations difficiles. Vous rencontrerez des gens qui ne vous apprécieront pas, et d'autres peut-être qui tenteront de vous faire du mal sans raison. Mais rappelez-vous : vous êtes l'enfant de Dieu. Restez concentré. Vous n'êtes jamais trop jeune pour servir Dieu, ni trop à l'abri des attaques de l'ennemi. C'est pourquoi vous devez être spirituellement préparé.

Lisez votre Bible. Priez quotidiennement. Restez engagé dans votre marche avec Christ. La bataille est réelle, la guerre spirituelle est très réelle, mais la victoire l'est aussi trouvée en Jésus-Christ. Ne faites aucun compromis. Servez Dieu de tout votre cœur. Je vous garantis, par la Parole de Dieu et par expérience personnelle, que vous vivrez une vie victorieuse en Christ.

Dr. R. Bonhomme

CONCLUSION :
MARCHER EN AVANT DANS LA VICTOIRE

En arrivant au terme de ce livre d'exercices, souvenez-vous que le combat spirituel n'est pas une saison que vous traversez ou qui vous traverse ; mais plutôt, c'est une réalité de la vie chrétienne. Puisque nous avons déjà la victoire en Christ, même lorsque le combat spirituel semble parfois viser à nous effrayer, à nous troubler ou à nous vaincre, il ne peut pas nous vaincre sous aucun prétexte. Car nous avons pleinement la victoire en Christ.

Tout au long de ces chapitres, vous avez appris que le combat spirituel est bien réel, que l'ennemi est limité et que votre autorité en Christ est inébranlable. Nous avons exploré la puissance de la Parole de Dieu, la puissance de la prière et du jeûne ; le réconfort spirituel que procure le culte ; la protection offerte par l'armure de Dieu ; et l'importance de la vie en communauté. Il ne s'agit pas de simples idées abstraites, mais d'outils concrets conçus pour être utilisés chaque jour dans votre marche avec Dieu.

Le combat spirituel ne consiste pas à lutter plus fort ; il s'agit de tenir plus ferme. Vous ne combattez pas pour gagner la victoire ; vous combattez à partir de la victoire que Christ a acquise à la croix. En tant qu'enfant de Dieu, vous êtes appelés à vivre avec sagesse, enracinés dans la Parole de Dieu comme ceinture de justice, et à manifester la puissance du Saint-Esprit en vous.

Que ce livre d'exercices ne soit pas une fin, mais un commencement ; un guide pour approfondir votre relation avec Dieu, éveiller votre conscience spirituelle et encourager une vie marquée par la liberté, le courage et la persévérance. Quand les défis surgissent, revenez à ces vérités. Quand la bataille s'intensifie, souvenez-vous de qui vous êtes et à qui vous appartenez.

Avancez avec confiance, préparez-vous chaque jour et restez ferme, sachant que « *dans toutes ces choses, nous sommes plus que vainqueurs par celui qui nous a aimés* » (Romains 8:37, LSG).

UNE PRIERE DE CONSECRATION ET DE VICTOIRE

Père Céleste,

Je Te remercie pour la vérité, la sagesse et la révélation que tu as répandues dans ma vie durant ce cheminement. Merci de m'avoir ouvert les yeux, non seulement sur les réalités du combat spirituel, mais surtout sur la source qui m'est la plus précieuse : ma victoire en Jésus-Christ.

Je reconnais qu'en dehors de Toi, je ne peux rien faire, mais en Christ, je suis fortifié, équipé et en sécurité. Je choisis de tenir ferme dans l'autorité que Tu m'as donnée. Je renonce à la peur, à la confusion et à la défaite, et je reçois une plus grande compréhension, la paix et une foi inébranlable.

Seigneur, aide-moi à revêtir chaque jour l'armure complète de Dieu, à rester ancré dans Ta Parole et à marcher dans l'obéissance et le discernement. Enseigne-moi à reconnaître les tactiques de l'ennemi et à y répondre non par la panique, mais par la prière, l'adoration et la vérité.

Remplis-moi à nouveau de Ton Saint-Esprit. Garde mon intelligence, mon cœur, mon foyer et mon but. Que ma vie reflète Ta gloire, Ton amour et Ta puissance. Que je marche dans la liberté et que j'aide les autres à trouver la liberté en Toi.

Je déclare que je suis plus que vainqueur par Jésus-Christ. Je marche dans la victoire – non par ma force, mais par Ta grâce. Au nom puissant de Jésus, Amen.

Envoyé en Puissance et avec un But

Au terme de cet ouvrage d'exercices, sachez que vous n'êtes pas envoyé sans préparation ou seul. Vous êtes envoyé en tant que fils ou fille de Dieu, revêtu de Sa puissance, Sa justice et Sa vérité par le Saint-Esprit.

Vous êtes envoyé pour :

- Tenir ferme dans la foi et résister à l'ennemi

- Marcher quotidiennement dans l'obéissance, l'humilité et le courage

- Porter la paix de Dieu dans les lieux de chaos

- Proclamer la vérité là où règne la tromperie

- Prier avec hardiesse pour vous-même, votre famille et votre communauté

Avancez avec assurance – non en luttant pour la victoire, mais en vivant à partir d'elle. La bataille appartient au Seigneur, et Il marche devant vous.

« Au reste, fortifiez-vous dans le Seigneur, et par sa force toute-puissante. »
Éphésiens 6:10 (LSG)

Marchez dans la liberté.
Tenez ferme dans la vérité.
Avancez dans la victoire.

Vous êtes envoyé pour Christ et pour Sa gloire.

Bibliographie

Lectures Fondamentales et Recommandées

Les ressources suivantes ont nourri et renforcé les fondements bibliques, théologiques et pratiques de cet ouvrage d'exercices. Bien que ce livre soit écrit comme une ressource ministérielle et de formation plutôt qu'un texte académique, ces travaux reflètent des voix chrétiennes de confiance dont les enseignements sur l'identité spirituelle, l'autorité, la délivrance, le Saint-Esprit et le rôle de l'Église s'alignent sur les principes présentés tout au long de ce manuel. Les lecteurs qui désirent d'approfondir leurs études sont encouragés à explorer ces ressources.

- **Anderson, N. T. (2000).** *The Bondage Breaker.* **Harvest House Publishers.**
  Une ressource ministérielle fondamentale sur l'identité en Christ, la libération des forteresses spirituelles et la marche dans la vérité.

- **Evans, T. (2011).** *Victory in Spiritual Warfare.* **Harvest House Publishers.**
  Explore le combat spirituel à travers une optique centrée sur le Royaume, soulignant l'autorité de Christ et le rôle du croyant dans l'avancement du Royaume de Dieu.

- **Fee, G. D. (1994).** *God's Empowering Presence: The Holy Spirit in the Letters of Paul.* **Hendrickson Publishers.**
  Fournit une profondeur théologique sur l'œuvre et la présence du Saint-Esprit dans la vie du croyant.

- **Prince, D. (1998).** *Spiritual Warfare.* **Chosen Books.**
  Un ouvrage ministériel classique abordant la délivrance, la prière et l'autorité des croyants en Christ.

- **Wagner, C. P. (1996).** *Confronting the Powers: How the New Testament Church Experienced the Power of Strategic-Level Spiritual Warfare.* **Regal Books.**
  Examine la prière corporative, l'intercession et le rôle de l'Église dans l'engagement du conflit spirituel.